JN035118

総合判例研究叢書

刑　法 (19)

有斐閣

刑法・編集委員

佐伯千仭

団藤重光

序

フランスにおいて、自由法学の名とともに判例の研究が異常な発達を遂げているのは、その民法典が百五十余年の齢を重ねたからだといわれている。それに比較すると、わが国の諸法典は、まだ若い。最も占いものでも、六、七十年の年月を経たに過ぎない。しかし、わが国の諸法典は、いずれも、近代的法制を全く知らなかつたところに輸入されたものである。そのことを思えば、この六十年の間に極めて重要な判例の変遷があつたであろうことは、容易に想像がつく。事実、わが国の諸法典は、それに関連する判例の研究でこれを補充しなければ、その正確な意味を理解し得ないようになつている。

判例が法源であるかどうかの理論については、今日なお議論の余地があろう。しかし、実際問題として、多くの条項が判例によつてその具体的な意義を明かにされているばかりでなく、判例によつて特殊の制度が創造されている例も、決して少くはない。判例研究の重要なことについては、何人も異議のないことであろう。

判例の創造した特殊の制度の内容を明かにするためにはもちろんのこと、判例によつて明かにされた条項の意義を探るためにも、判例の総合的な研究が必要である。同一の事項についてのすべての判決を探り、取り扱われた事実の微妙な差異に注意しながら、総合的・発展的に研究するのでなければ、判例の研究は、決して終局の目的を達することはできない。そしてそれには、時間をかけた克明な努力を必要とする。

幸なことには、わが国でも、十数年来、そうした研究の必要が感じられ、優れた成果も少くないようになつた。いまや、この成果を集め、足らざるを補ない、欠けたるを充たし、全分野にわたる研究を完成すべき時期に際会している。

かようにして、われわれは、全国の学者を動員し、すでに優れた研究のできているものについては、その補訂を乞い、まだ研究の尽されていないものについては、新たに適任者にお願いして、ここに「総合判例研究叢書」を編むことにした。第一回に発表したものは、各法域に亘る重要な問題のうち、研究成果の比較的早くでき上ると予想されるものである。これに洩れた事項でさらに重要なもののあることは、われわれもよく知つている。やがて、第二回、第三回と編集を継続して、完全な総合判例法の完成を期するつもりである。ここに、編集に当つての所信を述べ、協力される諸学者に深甚の謝意を表するとともに、同学の士の援助を願う次第である。

昭和三十一年五月

編集代表

小野清一郎　宮沢俊義

末川博　我妻栄

中川善之助

凡例

一　判例の重要なものについては、判旨、事実、上告論旨等を引用し、各件毎に一連番号を附した。

二　判例年月日、巻数、頁数等を示すには、おおむね左の略号を用いた。

大判大五・一一・八民録二二・二〇七七（大審院判決録）
（大正五年十一月八日、大審院判決、大審院民事判決録二十二輯二〇七七頁）
大判大一四・四・二三刑集四・二六二（大審院判例集）
最判昭二二・一二・一五刑集一・一・八〇（最高裁判所判例集）
（昭和二十二年十二月十五日、最高裁判所判決、最高裁判所刑事判例集一巻一号八〇頁）
大判昭二・一二・六新聞二七九一・一五（法律新聞）
大判昭三・九・二〇評論一八民法五七五（法律評論）
大判昭四・五・二二裁判例三・刑法五五（大審院裁判例）
福岡高判昭二六・一二・一四刑集四・一四・二一一四（高等裁判所判例集）
大阪高判昭二八・七・四下級民集四・七・九七一（下級裁判所民事裁判例集）
最判昭二八・二・二〇行政例集四・二・二三一（行政事件裁判例集）
名古屋高判昭二五・五・八特一〇・七〇（高等裁判所刑事判決特報）
東京高判昭三〇・一〇・二四東京高時報六・二・民二四九（東京高等裁判所判決時報）
札幌高決昭二九・七・二三高裁特報一・二・七一（高等裁判所刑事裁判特報）
前橋地決昭三〇・六・三〇労民集六・四・三八九（労働関係民事裁判例集）

その他に、例えば次のような略語を用いた。

裁判所時報＝裁　時　　家庭裁判所月報＝家裁月報

判例時報＝判　時　　判例タイムズ＝判　タ

目次

猥褻の概念　植松　正

刑法における脅迫の概念　秋山哲治

猥褻の概念

植松　正

はしがき

「猥褻」とはなにかということは、いわゆる社会通念できまる。実定法の背景にある社会がそれをどう考えるかが、この概念の内包を決定する。その意味で、これは、法学の理論と実際とにおいて、社会通念というものが最終的・決定的意味を持つ場合のもつとも典型的な概念であると言つてよい。そうして、その内容を具体的にとらえるには、まさに、なによりも判例の集積機能に待たなければならないものである。その意味で、これについては特に判例を総合的に研究することの意義がある。

今度これを書くには、まず福田雅章君に各種の判例要旨を摘録した出版物にひととおり当たつてもらつて該当判例を集めた。それで見つけやすくなつたので、あとは自分で偶然に見つけて補つたものもあるほか、それらの出版物の編集資料となつたもの以後最近（ほぼ昭和三七年末）までの最高裁判所判例集および高等裁判所判例集に当たつて、なるべく判例に脱落のないように心がけた。判例は上告審に限らず、下級審のものにも及んでいる。

個々の判例につき、先に要点を抜萃して、これに批判的な説明を交えてゆく方法をとつた。したがつて、あとで考えると、すこしく個々の判例と取つ組んだ叙述が多くなりすぎたかと思うが、さいわいに、ここに集まつた個々の判例はそれぞれ個性が強く、重複している点はあまりないので、支障はないと思う。個々の判例に標題を附けた上で分類して整頓してあるから、この分類のしかたと他の判例への関連の説明とによつて総合的研究を曲がりなりにも果たしえているつもりである。

裁判書の文言を引用するにあたつては、片仮名文語体時代のものについては、これを平仮名に改め、読みやすくするため、適宜の句読点を施したが、平仮名口語体時代のものについては、誤字や不当・非常識な句読点でも、原文の用例のままにしてある。

一　猥褻な行為に関するもの

一　直接に性器に触れる行為

(イ)　陰部に指を挿入する行為

【1】　被告人は大正七年三月二一日宮崎県下某村某方で酒宴中、「相共に同家下女Gと互に調戯ひ、其他数名の者がGを押し倒し居るに乗じ、被告は指をGの陰部に突込み、陰部に治療二十日余を要する創傷を負はしめたるもの」であり、弁護人は上告論旨として被告人が暴行をしたのではないという点を争つたのであるが、大審院は「婦人の意思に反して指を陰部に挿入するが如きは、其自体暴行に因り猥褻行為を為すものと謂はざるべからず。」(大判大七・八・二〇刑録二四・一二〇三)として上告を棄却した。

暴行の点については、なお論議の余地のあるものではあるが、それはともかく、陰部に指を挿入する行為を猥褻と判断した例として記録にとどめよう。その行為が猥褻と断ぜられることについては、健全な常識から見て、多言を要することではない。

(ロ)　手を陰部に当てる行為

【2】　被告人は大正一三年四月一三日午後一時三〇分ごろ東京市内のあるバラック建の他人の住宅内に侵入し、若い人妻の寝所に到り、「手を以て同人の肩を抱き、左手を其の陰部に当て……た」というのが、東京地方裁判所の認定した事実であるが、これに対して弁護人は暴行・脅迫の事実が明示されていないという点を論点として上告した。

大審院は「刑法第百七十六条前段に所謂暴行とは、正当の理由なく、他人の意思に反して其の身体髪膚に力を加うるの謂にして、因より其の力の大小強弱を問うことを要するものに非ず。従つて、他人の家宅に侵入し、臥床に寝ねたる婦女の身体を抱擁するが如きは、強大の力を用いると否とに拘らず、其の暴行たることを失うものに非ず。」（大判大一三・一〇・二二刑集三・七四九）として、上告を棄却した。

この事件でも、この程度の行為が暴行になるかどうかが論点になつているのであつて、被告人の手を他人の妻の陰部に当てるという行為が「猥褻」と認むべきことについては、まつたく争われていない。それほどそれは当然のことと考えられているのである。

（ハ）　膣内に指を挿入する行為（暴行即猥褻行為の例）

【3】　被告人は大正一三年六月一八日歯科医院治療室で、治療のため一プロのコカイン水約半筒を注射し横臥させておいた患者（二四歳女）に対し、「その意に反して着衣の裾より右手を入れ其の陰部膣内に自己の右示指を挿入し」た。

この事件でも、暴行を用いたことになるかどうかが上告審において争われたのに対し、大審院は「刑法第百七十六条に所謂暴行とは、被害者の身体に対し不法に有形的の力を加うるの義と解すべく、婦人の意思に反し、其の陰部膣内に指を挿入するが如きは暴行たること勿論にして、本件の猥褻行為は斯る暴行行為によりて行われたるものなれば、暴行行為自体が同時に猥褻行為と認めらるる場合と雖、同条に所謂暴行を以て猥褻行為を為したるものに該当すること明白なり。」（大判大一四・一二・一刑集四・七四三）として、上告を棄却した。

この判決は暴行が反抗抑圧の程度たることを要しない趣旨を判示したことにもなり、また、暴行それ自体が猥褻行為となる場合を示したものとして中心的意義を有するが、被告人の行為が猥褻かどうかという点については全く争われていないほど、それは世間でも疑う余地のないほど猥褻のものであることを物語つている。

二　性器以外の部分に触れる行為

（イ）　両肩を押さえ抱きつくなどの行為

【4】　被告人（当四八歳）は朝酒に酔い、某日午前八時ごろ、新潟県下の村落の公道上で、附近を通行中のU女（当二〇歳）に対してその両肩を押さえ、K女（当二八歳）に対してその着用のマントを押さえ、S女（当二四歳）に対して抱きつき、W女（当四三歳）に対してその股間に手を挿入し、M女（当一九歳）に対して前方から抱き締める行為をした。

このように認定された事実につき、弁護人は上告して、この程度の行為は、まだ猥褻といえる程度に達したものではなく、一種の悪ふざけに過ぎないと言って争ったが、大審院は上告を棄却して、つぎのように説示した。

「被告人の如き男子が公道を往来せる婦女子に対し両肩又は着用のマントを押へ、抱付き、又は抱締むる行為を敢てすることは、右強制猥褻罪に於ける暴行に該当するは勿論、通行せる婦人の〇間に強て手を挿入するが如き行為も、亦それ自体被害者に抗拒抑制の暴力を用うるに非ざれば、為し得ざるものと解するを妥当とするを以て、此の行為も亦同罪の暴行に該当すと謂はざるべからず。而も被告人は右の如き暴行を敢てすることに依り、被害者の〇〇を手探り、又は之に手を接触せしめんとする猥褻行為を為したること……正に刑法第百七十六条前段に該当する犯罪を構成するものとす」（大判昭八・九・一一法律新聞三六一五・一一。引用文中伏字になっている部分は法律新聞が伏字にしてあって補充も困難なので、それに従ったまでである。）。

被告人の一連の行為のうちには、論議の余地なく猥褻と言えるものも含まれているけれども、両肩を押さえたり、抱きついたりする行為も、それ自体として猥褻性を有するものと判旨は認めているようである。この点は判例として特別の意味を持っている。しかし、この程度の行為は、有形力の行使として暴行に属することは明白であるが、はたして猥褻と言えるであろうか。大いに疑問としなければならない。もつとも、被告人がこれらの行為の際になにか言語を発しているであろうが、その言葉の内容と相待つて、これらの行為が猥褻なものとなる余地はある。物理的には同一の動作であつても、それにともなう言語によつて、行為全体の表現する意味は変わつてくるからである。

（ロ）　男二人が女の上に馬乗になる行為

【5】　被告人SとRとの両名は飲酒酩酊の上、昭和二五年三月一七日夜一〇時三〇分頃富田林市字北別井の街路上で、たまたまかねて馴染の女給K女（二二歳）が反対方向から来るのに出会い、SがK女をからかつているうちに、K女は附近のうどん屋に逃げ込んだ。被告人両名はこれを追つてその店に入り、Sは二畳の間でK女に抱きついたところ、同女があおむけに倒れたので、その上に馬乗りになつた。すると、RもSの背後に接着して同女の上に乗りかかつて行つた。

この事実は事件がいつたん最高裁判所から差戻を受けてのちの大阪高等裁判所により認定されたものであるが、同裁判所は「仰向けに倒れている女子の上に二人の男子が前後に相接着して馬乗りになるという行為自体は、普通の性的行為を実行する体勢ではなく、また直ちに性的行為を連想せしめる行為でもない。……飲酒酩酊の上予てから馴染の間柄である被害者……に一方的に悪ふざけをしたにすぎないものと認められ、いまだ猥褻行為であると断ずる程度に達しないと認める」（大阪高判昭二九・一一・三〇高裁刑事裁判特報一・一二・五八五）と説示し、強制猥褻罪の成立を否定し、単に暴行罪を構成するものとして処断した。

事実認定自体には、いろいろ問題もあるようであるが、上記の事実の範囲では、判旨は妥当な線を保持するものと言えよう。ついでながら、ここに「性的行為」とは、姦淫ばかりを意味するものではないと解釈しなければならない。

（ハ）　着衣の上から臀部を撫でる行為

【6】 被告人は昭和三一年三月一五日福島県下の部落を行商中、同部落内三箇所において、それぞれ家事に従事中のA女、B女、C女に対し、いずれも着衣の上から臀部を手で撫でた。

福島簡易裁判所は右事実をとらえ、昭和二六年五月一〇日の最高裁判所判例【16】を引用した上、「故なき性器の露出、性交の状態又はこれに類する性的姿態を露骨な表現によつてこれを示す」（「これ」とは「猥褻」性を意味するかに思える）ことを猥褻行為であるとし、本件のような行為については「反良俗的行為ではあるが上記性的行為とは目し難く、社会通念上これを猥褻行為とはいえない。」（福島簡判昭三三・一・二八第一審刑事裁判例集一・一・二一）と判示して、無罪を言い渡した。

法的観念を離れて言えば、このような行為も「猥褻」と言われることがある。その語をやや広く使えば、まさにそう言ってよいことである。そこで、法文のなかにこれが取り入れられたとき、その広い意味での通常の用語例に従うことが許されないわけでもない。しかし、法規範の合目的的解釈上、そこまで広く解することに不合理な点があれば、そのような解釈は排除されなければならなくなる。この事件のような行為は、どう解するのが法規範の機能を適正に発揮させることになるであろうかによつて、このことは決せられなければならない。

着衣の上から臀を撫でる程度の行為は、軽微なものであるだけに、法律家によつては笑つて看過すればよいことと考えるかもしれないが、第一七四条の法定刑に拘留・科料が含まれていることを考え合わせれば、これも同条処罰の対象と認めるのが当を得たものと言うべきである。念のために一言するが、ドイツでは性的領域における品位感情（Anstandsgefühl）および風俗感情（Sittlichkeitsgefühl）を「著しく」（"**gröblich**"）害するものでなければならないとされている（RG. 28, 79; 67, 110 ff., 113）。しかし、ドイツ刑法の法定刑は懲役・罰金の併科とするほど重いのであるから、わが刑法の場合とは事情が違う。わが刑法では「著しく」害するものでなくとも、処罰の対象になると考えるべきである。たしかに、猥褻行為としては、これはもつとも軽微なものであるから、軽犯罪法のなかなどに該当規定を置いて取り締るのも一つのよい方法であるが、現行法はそうなつていない。しかし、刑法のこの規定には拘留・科料まで存してあるのであるから、まさに、このような軽微な行為までを予想する規定として、「猥褻」の概念を解釈するのが相当である。もし、これを含まないと解すると、この種の痴漢行為が全く法の外に放任されることになり、その横行を抑える方法がなくなつてしまう。それでは人の社会生活の安全を保障すべき法の機能は達成されない結果となる。この判旨に対しては賛成できない。もとより、刑法のこの規定の適用によつて処理するには、公然性を要件とすることは、規定の明文上あきらかである。事件をもつぱら強制猥褻の問題として見ると、この行為は決して暴行の概念にははいらないし、まして脅迫は全く存しないのであるから、同罪を構成しないが、公然猥褻罪の構成要件をも考慮に入れてみれば、それが猥褻行為に含まれると解するのが相当である。したがつて、着衣の上からでも、もし臀部や乳房を撫でる行為を暴行または脅迫のもとに行なうならば、強制猥褻罪の成立あるものと解すべきである。

（二）　接吻（その一）

【7】　被告人は昭和二六年夏の午前〇時半ごろ道連れとなつた女（二三歳）を出雲市の神社の境内に誘導した上、「情交を挑んだところ同女がこれを拒絶したため同女の意に反してその肩を抱き締め無理に同女の口に

接吻し」た、というのが第一審認定の事実である。

この具体的事件では、「情交を挑んだ」という行為があるのであるから、この時の行為を全体として猥褻と見ることには、異論を挿もうとは思わないが、接吻だけだつたとしたら、そうたやすく猥褻と見るわけにもゆかない。第二審たる広島高等裁判所松江支部は、この点に関して、「抑も接吻はこれがなされる時の情況如何により、その猥褻行為としての違法性が阻却される場合が尠くないことは言を俟たないけれども本件において被告人は女の意に反してその肩を抱き締め、無理に同女の口に接吻したことは反社会性ある行為を以て目するに足り、正に刑法一七六条にいわゆる暴行を以て猥褻の行為をなした場合に該当する。」（広島高松江支判昭二七・九・二四特二〇・一八七）。

この「情況如何による」という考えかたは、弾力性があつて便利だから、これには賛成者も相当あるだろう。しかし、猥褻というのは個人の肉体的潔癖の維持を法益とする概念ではなく、行為の外観に対する一般の風俗感情に由来する概念であるから、合意の上で行なえば、接吻のように衆人環視のなかでも猥褻とされない行為は、相手方の意志に反してなされようとも、猥褻ではありえないと見るべきではあろう（Mezger, Studienbuch, II, S. 23, 2. (a) は、判例を引用して主観的にはたとえ肉欲追求のためであつても、それは猥褻行為ではないとしている。）。

接吻が猥褻かどうかについては、つぎの高松高等裁判所の同旨の判決もあるから、それを記述した後に論ずることにするが、これに類する考えかたは、イギリスにもあるようである。一八七五年七月三〇日および八月三日の「タイムズ」の報ずるところによると、ヴァレンタイン・ベーカー（Valentine Baker）大佐事件において、エッシャー（Esher）卿は大陪審に説示して「男が若い女に対し、その意に反し、かつ肉欲的衝動の感情をもつて、また、自己の衝動を満足させまたはその女の衝動を刺激するつもりで、接吻するときは、猥褻的暴行（indecent assault）となるであろう。世間一般のはしゃぐ季節に若い者たちが行なう接吻は猥褻ではないが、男が肉欲的衝動の影響のもとに行なう接吻は猥褻である。」と言つたと記録されている（Kenny, Outlines of Criminal Law, 17. ed., 1958. p. 184 footnote.）。これは、接吻の猥褻性の有無については比較的文献上の記述が少ないので、いくぶん珍しく思つて参考に供したが、すでに古いものでもあるし、なによりも、いかにもイギリスらしい常識的な生ぬるさを持つていて、理論的批判に耐えるものではない。その論議はつぎの判例に関連して述べる。

（ホ）　接吻（その二）

【8】　被告人は、某日午後九時二〇分頃徳島県岩倉町東方の路上で、通行中の女子中学生M女（一三歳）に強いて接吻しようとして、道を尋ねる風を装つて呼び止め、不意に同女の両肩に抱きついたが、同女と共に歩いていたもう一人の女子中学生が大声で救いを求めたため、その目的を遂げなかつた。

控訴審では接吻が猥褻と言えるかが争点となつたが、これに対する判旨は、「男女間における接吻は性欲と関連を有する場合が多く、時と場合即ちその時の当事者の意思感情や行動状況環境等により一般の風俗性的道徳感情に反し猥褻な行為と認められることがあり得る。人通りの少ない所や夜間暗所で通行中の若い婦女子にその同意を得られる事情もないのに強いて接吻を為すが如きは、親子兄妹或は子供どうし等が肉身的愛情や友情として為すような場合とは異り、性的満足を得る目的をもつて為したものと解せざるを得ず、かかる状況下になされる接吻は猥褻性を具有するに至るものといわなければならない。」（高松高判昭三三・二・二四高裁刑事裁判特報五・二・五七）というのである。

この判決も「性的満足を得る目的」ということを重視しているかに見えるが、猥褻性の認定にあたり、主観的目的を要件とすべきかについては、すでに論じたところである。最高裁判所の判例も、いわゆるチャタレー事件を契機として、目的要件を必要としない旨の見解をあきらかにしている。

この事件は被告人が相手方の意に反して強いて接吻をしたという案件であるから、これを強制猥褻罪に問擬したことが、かならずしも不都合には感じられないかもしれないけれども、接吻だけを切り離して考えてみると、これはいささかむずかしい問題である。欧米ではいざ知らず、風俗習慣のちがう日本では、この判旨のような考えかたも、あながち無理とは言えない気がする。とはいえ、これを強制猥褻罪の問題としてでなく、たとえば公然猥褻罪の問題として考えるとしたら、わが国においても、接吻の猥褻性は否定するのが、多分に欧風化した今日の日本の社会の実情に添うものであろう。夕暗の公園内や白昼の駅頭で男女相擁してたがいに唇を接するの状景があったとしても、公然猥褻罪に問うべきではあるまい。今日の社会がその風俗を美俗とは思わないにしても、犯罪視したがらないであろうことは、ロンドンやパリにおけると変わりないであろう。

さきに掲げた判例に見られる「着衣の上から臀部を撫でる行為」【6】とこの事件のような接吻とを比較するとき、いずれも猥褻かどうかの限界線上の問題になつたわけであるが、日本人の風習からいうと、接吻の方を高度の性的欲求の表示と見るところから、これを猥褻でないとしながら、着衣の上から臀を撫でる行為を猥褻であるとするのは、均衡がとれないと思う人があるかもしれない。たしかに性的欲求の表示としては、接吻の方が程度が進んでいるであろうが、猥褻かどうかは、決して表示の背後に察せられる性的欲求の大小によつてきまることではなく、それよりも、その表示の態様によつてきまることなのである。接吻は頭部によつて表示されるから、第二次性徴たる乳房や臀部に関する表示とはかなり意味がちがう。接吻の方がはるかに精神的な愛情の表示たる意味を多く持っているのであるから、ここにこれだけの相違が出てくるのである。

このような解決が社会生活の実際から見ても妥当な結果となる。接吻が相手方の意志に反してなされるときには、暴行を用いずには、できることではないから、接吻そのものは猥褻の概念にはいらないと解釈しても、この事例のような場合には、暴行罪は立派に成立する。したがつて、これを罰することなく放置するようなことにはならない。これに対して、臀部を撫でる行為には、暴行も脅迫もともなわないのが通例であるから、その行為を猥褻であると解釈しても、強制猥褻罪という重い科刑の対象となるものではなく、公然性を帯びたときにかぎり、犯罪として処理されるにすぎない。この両者の解決を対比してみるならば、おそらくその妥当なことは疑いないであろう。

二　ヌード・ショウに関するもの

(イ)　全裸のショウ

【9】　被告人はK女（当時二七歳）等「楽団のモデルショウ」の団員十数名のために寸劇などの脚本を書く仕事をしていたが、昭和二三年五月二六日夜、広島市内の花月劇場での上演にあたり、約二〇〇名の観客を前にし、「K女は前記脚本の要領に従い頭上に二百燭光の電灯二個を点灯し舞台中央に幅約二米の薄い幕丈を垂下し、観客の方からその薄い幕を透して電灯の照明に依り、十分其の形、動作、肉体が透いて見える様にした舞台の上に当初は全裸で紅絹の布切れを胸の辺から垂らして持つた姿で立ち、開演すると間もなくその布切れを下に落して全く一糸もまとわぬ赤裸となり、陰部迄も露出した姿で約一分三十秒間一寸したポーズを取つて立つて居たもので右所為は観客の性欲を刺激し羞恥の感情を起させるに十分な所為であつて、被告人はK女

等と共謀して公然猥褻の行為をしたものと謂うべきである。」というのが原審判旨であつた（広島高判昭二五・三・一〇）。

これに対して弁護人は「欧米先進国に於ては本件の如き裸体演劇も数十年前より立派な芸術として認められている。戦後の我国に於ても所謂ストリップショウの如き裸体劇が公然認められて居るので之を犯罪行為とするは時宜に反する。」として上告したが、上告判旨は原審の認定した事実は刑法第一七四条に該当すること明白である。」（最判昭二五・一一・二一刑集四・一一・二三五五）としてこれを棄却した。

なお、別件に、争点は罪数論にあつたけれども、この事件と同様の全裸のショウを当然に猥褻性あるものであるとの前提のもとに論ぜられた事件もある（最判昭二五・一二・一九刑集四・一二・二五七七）。

（ロ）　全裸のショウと行為者自身の興奮

【10】　被告人は東京都日本橋においてキャバレーを経営しているうち、踊子N女（二二歳）等と共謀の上、N女は昭和二五年四月一一日同キャバレー内ホールの数十名の観客の取り巻く中に、腰部に白色のサロン一枚を纒い、胸部に乳バンド一本を着けただけの半裸の身仕度で立ちあらわれ、ジャズの演奏に合わせてフラダンスを踊りつつ乳バンドを取り去り、次いでサロンを脱ぎ捨てて陰部を露出した後、さらに両脚を交互に前方に挙げ、両股を開いたまま臀部を床に附けるなどの動作をした。

第一審東京地方裁判所によれば、これは「名を所謂『ショウ』実演に藉りて公然猥褻の行為を為し……た」というのである。この事件では、検察官が右行為を猥褻物陳列罪（第一七五条）にあたると言つて控訴したのであるが、やはり公然猥褻罪（第一七四条）に問擬した原判決を正当と認めたのであつて、論点は猥褻性の有無にかかつているのではないが、この程度の姿態が猥褻であることについては争いがないほど、検察・裁判の上では一般に認められているということを示すに足るものである。その点に触れた第二審の判旨を掲げると、つぎのとおりである。

「刑法第百七十四条にいわゆる猥褻の行為とはその行為者又はその他の者の性欲を刺激興奮又は満足させる

動作であつて、普通人の正常な性的羞恥心を害し善良な性的道義観念に反するものと解するのを相当とする。即ち行為者が自己の性欲を刺激興奮又は満足させる目的でその動作に出る場合が前記猥褻の行為に該当することはいうまでもないのであるが、この場合のみに限定すべきものではないのであつて、たとえその動作により行為者自身の性欲は刺激興奮又は満足させられなくとも、その動作により行為者以外の者の性欲が刺激興奮又は満足させられるのであれば、この場合も亦刑法第百七十四条にいわゆる猥褻の行為に該当するものと認めるべきである。」（東京高判昭二七・一二・一八刑集五・一二・二三一四）。

判旨の焦点は、第一七四条の行為罪の場合についても、行為者自身の性的興奮が猥褻性の要件ではなく、他の者に対して性的刺激として訴える力があれば、その要件を満たすものであることを示したことにある。判決の文言はいささか言葉が足りないが、趣旨とするところは、他の者を現実に刺激し興奮させる事実の発生したことが必要なのではなく、そういう刺激性があるという客観的性質の存在が要件なのである。そのことは第一七四条の場合であろうと第一七五条の場合であろうと差異はない。判旨は従来判例の採用している猥褻概念の一般的定義を是認しながら、一つの問題の角度から、それを説明したわけである（ちなみに、この種の行為が猥褻行為にあたるか猥褻物陳列罪にあたるかについては、後説を正しいと考えるが、この総合研究の主題外のことであるから、詳細は述べない）。

三　猥褻な物体に関するもの

（イ）　陰部模擬物の猥褻性――大審院のリーディング・ケース

【11】　被告人は長崎市内で髪製造販売業を営む者であるが、陰阜の膚毛を模擬したものに「廓の花」という名称を附して、通行人に見える店頭に陳列した。

長崎地方裁判所は一見ただちに陰部模擬物であると感知すべきものではないと認めて無罪を言い渡したようである。検察官は上告して「其形状と其附記の名称と相竣ちて、彼の模擬物なることを見認するに足り」ると論じた。これに対して大審院は、つぎのように判示して上告を却けた。

「刑法第百七十五条に所謂猥褻の文書図画其他の物とは、性欲を刺激興奮し又は之を満足せしむべき文書図画其他一切の物品を指称し、従て猥褻物たるには、人をして羞恥厭悪の感を生ぜしむるものなることを要する……本件物件は之に附記せる名称と相竣ちて其婦人の陰阜の膚毛を模擬したる物たることを認識するに難からざるも、該模擬物は未だ以て人をしてその性欲を刺激し興奮し、羞恥厭悪の念を生ぜしむべき程度に至れるものと為すに足らず。」（大判大七・六・一〇法律新聞一四三・二二）。

結局は物件を見なくては、判決の当否を判断するわけにいかないことである。この事件は、同一の物件でも、人により見かた感じかたに、こういう差のあるものであることを示す好例とはなる。しかし、もしそれがきわめて写実的に出来ていれば、猥褻物と認めるべきだとする見解をこの判旨の言外にうかがうことができる。

この判例は判例集に登載されていないが、大審院時代において猥褻の概念に関するいわゆるリーディング・ケースとなつたものである。ここに引用した判決文の冒頭にある猥褻の概念規定は、今日に至るまでの約四〇年間、判例の根本思想を形造つている。後の判例にもしばしば引用されるところとなつているのである。

（ロ）　性器具と男根崇拝の対象物

【12】　被告人は昭和三二年中別府市、鳥羽市などで、土産品販売業者Kほか一名に男女性器を模して作つた「張型」「カブトスキン」その他各種の名称を附した物件十数箇を販売し、さらに、そのころ別府市、加古川

市などで同種の物件二百数十個を販売の目的をもつて所持していたものである。

この事件についての上告審の判決は、後に判文を示してあるように、猥褻の概念に関する従来の判例の定義を多少ちがう言葉をも用いてもう一度確認したという程度のもので、特記に値するものではないが、性器具に関するものである点に特別の意義があるばかりか、第一、二審各判決の説示には、猥褻とは何かをあきらかにするのに有用な論議もなされていることが注意される。

第一審たる大分地方裁判所は、まず前記のような事実を認定したあとで、当事者の主張に答え、つぎの二点について注目すべき説示をしている。その二点のうち第一点については、第二審たる福岡高等裁判所の批判もあるので、その批判をも併せてつぎに摘記する。

(一)「本件のような有体物にあつては、文書図画と異り、その物自体のもつ形、その形が端的に視覚に訴えるところのものが、その猥褻性の有無を定める最も主要な要素となるが、他面製作者の製作意図、客体の使用目的、その用法に従つて使用された場合の使用者その他現時社会に及ぼす影響等諸般の事情もまた猥褻性判断の契機をなす」との前提に立ち、本件の物件が男性または女性の性器に模して作られた快感増進用の性器具であることは「一見してわかる」ものであるし、被告人が「かかる用途に供する目的で」製造・販売・所持していたことが窺知できるとした上で、「斯様な器具の存在、使用は性の自然を冒瀆し、一般通常人の性的羞恥心をそこない現時社会における性についての倫理感情の純潔性を汚すおそれあるものというべく、判示各物件は猥褻物にあたるものと認めるのが相当である。」(器具の具体的様相については、ここに記述を省略するが、判決文自体には、やや詳しく出ている。)。

しかし、公訴事実の一部になつている物件のうち、裁判所が猥褻物と認めなかつたものもある。判旨によれば、「変型スキン及び指は……その形自体においては性器と直接の関連をもたず一般にその使用を認められているコンドーム類に前記用途のためのゴム、スポンジを添加したに止まつているのであるから、この程度では未だ以て猥褻物とはなし難い。これら両者は行政上の取締に委ねる(例えば薬事法第二十六条第三項、第四十条第一号亦第四十四条、第五十六条の適用等)を以て足りるとすべきである。」(大分地判昭三三・一〇・二八)。

ところが、この点は控訴審によつて批判を受け、

「本件のような有体物にあつては、文書、図面（著者注――「図画」の誤植であろう。）と異り、単にそれが人の視覚にうつたえるところだけでなく、それを手に触れ且つ扱つた場合の触覚により感得するところも視覚により感得するところと相俟つて猥褻性を判断することとなるものであつて、且つそれだけで十分であるというべく、製作者の製作意図、使用目的、その用法に従つて使用された場合の影響等は寧ろそれにより推察される結果に過ぎないとも思われ、これを猥褻性判断の契機と見る必要はない。従つて原判決は、この点において誤を犯していることになるけれども、基本的には本件各物件をいずれも猥褻物なりと認定しており、且つこの認定を正当とすべきものである」（福岡高判昭三四・四・二〇）とされた。

第一審はいわば主観説、第二審はいわば客観説ということになろうが、わたくしが猥褻性の有無について客観説を支持することは、すでに述べた。もつとも、前説といえども、客観的状態の方に重点を置いているものであることは、疑いない。

それはそれとして、第一審判決の「斯様な器具の存在、使用は性の自然を冒瀆し」云々という一節の見解は、突きつめてみると、なかなかの難問を提供している。判旨によれば、性器具のうち、あるものについては不自然であるからいけないようなことを言つているが、他のものについては同じく不自然であるのに「一般に使用を認められている」から差しつかえないようなことを言つている。その区別を設けたことはなんとなく肯けるような気はするけれども、一般に普及していれば差しつかえないというような理論は成り立たない。わたくしもにわかに自信をもつて結論を示すことは躊躇するが、形体が抽象化されていれば、不自然な用途に奉仕するものであつても、猥褻物でないということにな

るのではあるまいか。猥褻性の判断には外観が重点をなすように思う。人間には性本能があつて、隠秘の間においては、性欲の刺激を求め、またその欲望の興奮を歓迎しているのである。それをしも否定するようなことを言うのは、道学先生的偽善以外のなにものでもない。判例のしばしば言う「羞恥嫌悪」とか「羞恥厭悪」とかいうのは、露骨を忌む人間心理のデリカシーを意味する。そのデリカシーを保護するということに中心を置いて考えると、やはり具体的・写実的な表現から遠ざかつたものは、いわゆる猥褻性を持たないと解すべきであろう。

不自然性ということも一つの問題にはなる。しかし、どこまでを不自然のこととして法的干渉を加えるべきかは問題である。この点につきわが国よりも一般にずつと厳しい規制をしている欧米諸国の刑法については、今はまさにその厳しさの反省期にある。およそ、法的干渉ことに刑法的規制は必要最小限にとどむべきである。その意味では、人間生活にとつて有害な場合に限定して、これに干渉を加えれば足りる。心理上のデリカシーの保護ということは、その限度で許されよう。そうして、不自然ということも、それがデリカシーをも含めて人間の心身の健康を害する形態のものについてのみ法的干渉の問題とすれば足りる。

この事件で問題になつた性器具のうち、あるものが禁止されるべきであり、他のものが許されるべきであるとするならば、「不自然」というような標準では区別できないはずである。人為を加えるという意味では、いずれも不自然だと言えるからである。いな、むしろ避妊のための器具の方が快感増進の器具よりも、その不自然性においてははるかに大きいと言える。生殖の回避が自然だとはとうてい言えないことである。それが用途において若干の不自然性があろうとも、外観において写実的具体性を有しない(本件の器具がそうであったかどうかは知らない。)ならば、それが心身にとつて特に有害なものでないかぎり、禁止することを正当化する理由はない。もつとも、これは合理主義的にかなり前進させた純理論であつて、なお中世以降の多分に道学的雰囲気の残滓のなかにある世間を背景にになう裁判所に対して、あまり一足飛びの割り切りかたを期待するのは無理であろう。

しかし、第二審の説示を見ると、この点は、事実問題として難なく解決できるもののようである。第二審もその用途が性感増進にあることを問題にはしているが、製作意図などを問題にしないのはもとよりのこと、「性の自然を冒瀆し……性についての倫理感情の純潔性を汚す」というような、精神訓話的な見かたはしていない。むしろ即物的に、それが主として形体の外観をとらえて猥褻物であると判断しているのは、第一審よりはるかに猥褻概念の中核に触れている。なお、用途のことをとやかく問題にする点には、わたくしは賛成できないが、形体の外観によつて客観的にこれをきめようとする態度は正しいと思う。この形体に関する弁護人の控訴趣旨に答えた判旨は、なかなか皮肉が利いていておもしろい。それをつぎに引用しよう。

「論旨は、……これが陰茎の模型であるとしてもそれは全く機能的に抽象化され、およそ実物の持つ感覚とは全く異なるものであることが明瞭である、カブトスキンは仮にこれを掌に置いて見るも性的興奮を起させ羞恥嫌悪の情を催させる程の陰茎の模型であるとは到底いい得ない、張型類はその形状が幾何学的に抽象化されているため何ら性的興奮を生じさせ羞恥嫌悪の情を催させるものではない、吾妻型はこれにつき説明を受けぬ限りその用途を知ることができず、又その外観からこれを以つて女性性器の模型であるとは認めること困難である……る……旨主張するが、弁護人の感覚を以つてすれば左様に受取れるものであろうか。しかし一般普通人ならば、これを眼にした視覚及びこれを手にした触覚……により、それが男性及び女性の性器を模して作られたものであり、且つ玩具や信仰などに関係のあるものなどとは異なり、専ら男性及び女性の自慰用又は前戯用として作られたものであることを感得し得るに違いない。」

弁護人が形体を論じて機能的抽象化と言い、また幾何学的抽象化と言つて、これを猥褻性欠如の外的形体を示すものとして主張しているのは、正しい点を突いていると言うべきであるが、本件の実際上の物件がそういう抽象化されたものであるとは、かならずしも認められないものであつたらしいから、理論としては傾聴に値するが、本件の事実には添わないものなのであろう。

さて、もう一つの点についての判旨は、つぎのとおりである。

(二)　世上おうおう伝えられる民間信仰にもとづき男根形似物の販売とこの事件の物件との比較論が別に一つの問題となつている。第一審判決はこの点に論及して、「愛知県小牧市所在田県神社において男性性器をかたどつた木製乃至陶製製品の販売されていることが認められる。しかし、……これに添付されている田県神社略記と題する印刷物の記載によれば、前記各陽物はいずれも『田県神社御神符』と称され、右神符として製作され且つ使用されているものであつて、性そのものに神秘的な力を感じ性器を崇拝した古代社会において性器を模したものを神体としこれを礼拝した風習が民間信仰として現在にとどめられた一遺残にすぎないものと認められる。更に右陽物はその製作意図、用途においてのみならず、その物より受ける印象においても判示各物件と著しく異るものであることが……認められるから、仮に被告人のいうが如く右陽物のある種のものが女性の自慰用に使用されることがあり、また店頭に陳列されることがあるとしても、右陽物販売の事実を以て判示各物件の猥褻性を否定する事由となすことはできない。このことは、右陽物の如き信仰対象たるものもその置かれる条件の如何によつては猥褻性を帯びることがあり得ることを考えるならば、さらにより明瞭となるであろう。」と説示している（大分地裁判決前掲）。

これも片方が信仰の対象として製造され、販売されている物だということを猥褻性の認定について重視しているのは、いわゆる主観説の立場をとる第一審の見解がその一端を示しているわけであるが、そんなことより決定的な意味を持つのは、この引用文の後段に判示されている形状・外観なのである。その点の批判はすでに述べたから繰り返さないが、こういう信仰の対象物と比較されると、とかく裁判所も説明に困難するもののようである。しかし、信仰の対象だから猥褻性がないとは考えられない。判文説示のような原始未開の習俗に、ただ信仰の名が冠せられたからといつて、人間心理のデリカシーが歩を譲らなければならないものではあるまい。もちろん、原始未開のものをすべて禁ずべしと言うのではない。現代の文化を侵害する限度においては、未開のものをして道を文化に譲らしめなければならない。この点では、第二審もまた、前段引用の判文末尾にあきらかなように、野蛮な信仰の習俗の前に頭を屈してしまつている。それは、同種の物でも、その用途が信仰の対象であれば猥褻と言えないが、性感増進用であれば猥褻であるという見解を背後に置いている。これに対し、わたくしはもつと即物的にものを考えるべきだと主張したいのであるが、判例はこのような段階にとどまつているという事実をここに明確に認めておこう。

それのみならず、この第二審判決には、前段の引用文にあきらかなように、「玩具や信仰に関係あるものなどと異り」云々という文言が見られ、まるで玩具用なら猥褻性を持ちえないか、あるいは少なくとも猥褻性を持ちにくいかのような言いかたをしているが、このへんのところも、本来の用途にこだわりすぎる。本来の用途が問題なのではなくて、出来あがつたものそれ自体が問題なのである。要は、もつと即物的に考えるべきであるし、性感増進用という用途をただちに罪悪視するような論法は、前近代的であると評しなければならない。この事件自体の解決としては、大局としてまちがつていないのかもしれないが、理論の立てかたとしては、もつと筋を通しておかないと、自後の問題解決への指針としては役立たない。いわゆるチャタレー事件で芸術品でも猥褻物たりうるという線を打ち出したように、信仰の対象であろうと、また玩具として作られたにすぎないものであろうと、刑法はこれを猥褻物と認めることもあつて差しつかえないことを明確にすべきである。

さて、本件の最後に、上告審の判旨を附け加えておこう。弁護人の上告論旨は、原判決が猥褻でないものを猥褻だと認めたと言つて、これを非難したのであるが、これに対する判旨は「猥褻の物とは、性欲を刺激もしくは興奮し又はこれを満足せしむべき物品であつて、且つ普通人の正常な性的羞恥心を害し、善良な性的道義観念に反するものをいうのである。……本件物件がいずれもこれに該当することは明白である。」（最決昭三四・一〇・二九刑集一三・一一・三〇六二）というのであつて、格別に新鮮味のあるものではない。

四　猥褻な文書・図画に関するもの

一　猥褻文書一般に関するもの

（イ）　家庭団欒の席の読みもの

【13】　猥褻文書の概念を定めた判旨として、とくに一般人にわかりやすい表現を用いたものとして特記に値するものがある。それは「一般読者をして情欲の発動を連想し、羞恥厭悪の感念をひきおこさしめるもの換言すれば善良な家庭団欒の席において読むに憚るところあり、見るに恥ずるところあるものは即ち猥褻文書である。」（大阪高判昭二五・六・二〇法曹時報一一・五・六三七）としている。

「家庭の団欒のもと」という標準は非常に実際的に有用な目安である。

（ロ）　雑誌「すういんぐ」悲恋物語集

【14】　問題になつたこの雑誌には「蛇姫様」「女体を弄ぶ男」などの物語を集録してあるが、大阪高等裁判所は右両物語の一部分の記述を引用した上、前者については「男女の性交を連想せしめるけれども読む者をして特に卑猥だという感を抱かせない。」とか「むしろ醜怪な非現実的な感を受けるだけである」とし、後者については「明らかに男女性交の状景を描写したもので可成りきわどい記述であり、表現も低劣卑俗な感を抱かせるけれどもさまで露骨でも具体的でもなく之を現代社会の一般の情感水準に照して特に羞恥嫌悪の情を抱かしめる猥褻なものと認めるに足らない。」とした上、この雑誌の総評としては、「低級で社会風教上好ましからぬものであると謂い得るけれども未だこれを刑法第百七十五条に所謂猥褻な文書と認め難い……」と述べて無罪を言い渡した（大阪高判昭二五・一一・三〇判例体系三三巻一三三）。

これはなかなか問題である。この文書に関する判決の評価がはたして健全な社会通念を代弁しているかどうかということが問題である。性交の情景を描き、しかもその表現が低劣卑俗であつても、猥褻でないと認められるとしたのは、どのような理由によるのであろうか。卑俗文芸的描写ではあるけれども、「露骨でも具体的でもなく……特に羞恥嫌悪の情を抱かしめる」ものではないということにあるようである。はたして判旨のように理解するのが正しいかどうか、疑問がないとは言えない。判決の引用する原文書の記述を見ると、この文書に対する判決の評価もあながち首肯できないわけでもないようである。しかし、担当の裁判官や筆者がこの点について、特別の調査をせずに、はたして平均人ことにその読者層の最大の部分を占めること疑いのない一般青少年の感じかたを十分推測することができるかは疑問である。この点では、後の「チャタレイ夫人の恋人」や「悪徳の栄え」の訳書にかかる事件の審理においては、とにもかくにも、多くの証人について、いわゆる特別の調査をするようになっているのである（本件については、そのような証人取調があつたかどうか、つまびらかでない。）。

また、この事件のように低俗であることを判決自体において認めている文書については無罪の判決をしておきながら、世界的な名声のある「チャタレイ夫人の恋人」のような文芸書については、これを猥褻文書であると認定したということが、しばしば世間の一部から反感を買うことになったのである。もっとも、それとこれとは次元のちがう論点に関することなのであるから、そのような反感をもつて、ただちに判決の不当を鳴らすことは正当ではないのであるが、世間にそのような反感を誘発しがちであるという事実も挙げておかなければならない。

（ハ）　露骨な記事を掲げた雑誌

【15】　被告人は性的に露骨な記事を掲げた雑誌を名古屋市内その他で合計一五、〇〇〇部ほど販売したという事実だけはわかつているが、肝心の雑誌の内容は判例集の記載ではわからない。

弁護人の控訴趣意は、要するに、性欲は生物の本能に属するから、この程度のことは猥褻とは言えないというにあるが、名古屋高等裁判所はこれに答えて、つぎのように言つている。

「性欲が生物の本能であつてその性的生活が生存の根本条件であることは所論の通りであるが、人間日常生活において性行為が公然と表現され又は描写されることは通常人が羞恥嫌悪するところであり、これまた人間本然の良俗であつて如何なる時代においても変りはない。されぱその記事、絵が性行為を露骨に表現描写したものであつて一般大衆をして羞恥嫌悪の情を起させるものであるときは即ち猥褻文書図画というべきである。尤もそれが芸術的作品として羞恥嫌悪の情が緩和され或は消失される場合あることは首肯し得るけれども、具体的場合において芸術的作品であるか否かの判定はこれをみる人の教養程度、主観によつて違うのであるから芸術的価値の有無は猥褻文書図画であるか否かを決める表準とはならないものと解される。蓋し刑法上の猥褻文書図画とは、その時代の一般社会大衆の教養の水準を洞察しその文書図画が頒布販売又は公然陳列された場合、これらの人々をして性生活に対する正しい認識を誤らせ引いては善良な風俗（性行為を公然表現することを羞恥嫌悪する人間本然の姿）を破壊するに到る虞れあるものをいうと解すべきである。いま本件の雑誌についてみるにその掲載された原判示の記事並に絵は現代一般社会大衆の性欲を刺激し性生活に対する正しい認識を誤らせるものであつて、羞恥嫌悪の情を起させるに過ぎないものである」（名古屋高判昭二六・四・二六刑集四・四・四二二）。

この判旨のうち、その前段に露骨な表現を猥褻なものであるとした点は、従来から言われているところのもので、取り立てて問題にすべきほどのものではない。その後段に芸術性と猥褻性との関係を論じている点には注目すべきものがある。この判決はいわゆるチャタレー事件の第一審判決（東京地判昭二七・一・一八）に先立つものであるから、芸術作品ならば、「羞恥嫌悪の情が緩和され或は消される場合」のあることを認めた点では一種の先鞭をつけたことになる。しかし、言葉尻をとらえて言えば、「芸術的作品であるか否かの判定はこれをみる人の教養程度、主観によつて違うのであるから芸術的価値の有無は猥褻文書図画であるか否かを決める表準とはならない」という見解は、こと芸術論に関することではあるが、正当として受けいれにくいことである。芸術的価値判断にも見解の相違による主観性のあることは認めなければならないが、そのことは猥褻性の判断についても当てはまることである。ただ芸術論にはもろもろの潮流が存在するので、猥褻性の議論に比べれば、ことがらが単純でないというだけのことである。判旨の言うように、芸術性の判断が困難だから、猥褻性の判断の標準として役立たないと言うべきではなく、芸術性がどんなに高くても、やはり猥褻性は消し去られない作品というものがあるということを言えばよいのである。

（二）性交場面の描写――最高裁判所のリーディング・ケース

【16】被告人は昭和二三年中に「サンデー娯楽」という半月刊新聞を編集して合計約八、〇〇〇部を発行し、それに男女の性交ならびに陰部を表現した戯文、死女姦淫の光景や変態女の性交感を詳述した記事および男女性交の光景を記述した記事を掲載し、大阪市内のH書店ほか約一〇箇所で販売した。

この事実認定に対する弁護人上告論旨は、これを猥褻というほどのものでないと言うだけであるから、その主張の当否は原品を見ないでは、正確な議論はできないけれども、抽象的に言えば、性交の姿態を描き出すだけで、原則としては猥褻性を否定することはできまい。最高裁判所は簡単に「その記事はいずれも徒らに性欲を興奮又は刺激せしめ且つ普通人の正常な性的羞恥心を害し善良な性的道義観念に反するものと認められる」として上告を棄却した（最判昭二六・五・一〇刑集五・六・一〇二六）。

これより前に東京高等裁判所が「誹風末摘花」について示した判旨【24】などによると、戯文化の程度が著しければ、猥褻性否定論も入り込む余地がないわけでもないし、ずっと後にあらわれた東京地方裁判所の「悪徳の栄え」に関する判決【26】によると、変態性も度が過ぎれば、グロテスクな性質が先に立つてしまい、あまり性的刺激となるとは考えられなくなる可能性もないではない。しかし、この事件で問題になつた文書については、たぶんそのような例外的な現象もなかつたのであろう。

（ホ）　性交の間接的・暗示的な描写

【17】　被告人は雑誌「奇譚クラブ」に「変態男女の痴態、あるいは交接を故らに暗示する記述や裸婦の両手を縛し背後から強姦しようとする場面を描写した記述挿画を掲載した」（後記最高裁判所判例集に一部引用の大阪高判昭二五・六・二九による。したがつて、日時・場所・被告人とこの雑誌との関係等不明。）。

弁護人は上告して、「元来、猥褻の本体は性器または性交に関する露骨な表現であると信ずるが、本件では、直接に性器・性交を露骨に表顕した点はない。原判決は普通一般に比し、品性において高潔厳粛、教養識見において卓越優位している裁判官の道徳観をもつて事案を律したものであるから、判例に反する」との趣旨を論じた。これに対する最高裁判所の判旨は、つぎのとおりである。

「刑法一七五条にいわゆる「猥褻」とは徒らに性欲を興奮又は刺激せしめ、且つ普通人の正常な性的羞恥心を害し善良な性的道義観念に反することをいうこと当裁判所判例の示すところである（昭和二六年（れ）一七二号同二六年五月一〇日第一小法廷判決）。」（最判昭二七・四・一 刑集六・四・五七三）。

判文は簡単であり、引用の先行判例を踏襲して、さらにその判旨を確認したものである。その意味では新味はないが、上告論旨の指摘している事実に誤りがないならば、性交の場面は間接的・暗示的に描写されている場合であることになる。もしそうならば、この判例は、そのような描写の場合でも、なお猥褻性を失うものでないことを認めた例になるという点に特別の意味があると言つてよかろう。

（へ）　擬似性科学書

【18】　被告人は出版業者Mと共謀の上、昭和二七年から翌年一月にかけて、東京都千代田区神田錦町のMの事務所その他の場所で、数百名の者に対し、「相対会研究報告」と題する文書合計三千数百部を販売し、六五七部を販売の目的をもつて所持したのであるが、この文書は、第一審東京地方裁判所の判決によると、「男女性交の状態を露骨に描写し人をして羞恥嫌悪の情を感じさせる猥褻な文書」であるというのである。

なお、この有罪判決に対する控訴につき、第二審の棄却理由を参照すると、この文書は論文形式の部分と資料形式の部分とから成り、後者がいわゆる性の体験記の集録で、きわめて具体的記述であるばかりか、量においても前者をはるかに凌駕しているものであり、論文にこの資料はごく一部分しか引用・解説されていないという状況であるようである。その判旨によると、その資料なるものは、「いずれもほとんどその全篇にわたつて男女性交の状態を露骨詳細に描写し、人をして羞恥嫌悪の情を生じさせる記述の羅列であつて、いずれも徒らに性欲を刺激し、普通人の正常な性的羞恥心を害し、善良な性的道義観念に反する猥褻文書の蒐集に外ならざるものである。」と断ぜられている。

さらに、右控訴審判決は科学書における性問題の記述のありかたに関し一般的叙述として、「思うに、科学書において具体的事例を研究資料として取り扱う場合においては、その対象たる事例を客観的に観察または研究した結果を普遍的な法則との関連において記述するを通例とし、とくに性的な具体的事例を取り扱う場合においては、性的刺激を与える虞ある露骨詳細な記述を避けるべきものであつて、具体的事例として徒らに性欲を刺激し、普通人の正常な性的羞恥心を害し、善良な性的道義観念に反する記述あるものをそのまま資料として掲げ、またはこれを論文中に引用するにおいては、全体としては猥褻文書たるを免れないものというべく、性科学書であるからといつて、その引用しまたは資料として掲載した記述の猥褻性が払拭せらるべきものではない。（昭和二七年一二月一〇日東京高等裁判所判決参照）」（東京高判昭三三・三・三一、後記最高刑集引用のもの。）と説示している。

この一般論の判旨はまことに肯綮にあたつていると言うべきである。

これに対して、弁護人は上告して、右の論文部分と資料部分とは一体をなしているので、後者を欠くことはできないし、必然的に性行為の体験報告も要求されるのであるから、その資料は貴重なもので、春本とは全く異なるものであると論じたが、これに対する最高裁判所の判旨は「原判決が本件文書各号を検討していずれも全体として刑法一七五条の猥褻文書に該ると判断したのは正当……である。」(最判昭三四・三・五刑集一三・三・二七五)という簡単なもので終わつている。

したがつて、この事件では、むしろ上記の高等裁判所の判決が擬似科学書に関する判例として特別の意義を持つものである。

二　図画に関するもの

(イ)　陰部露出の裸体写真

【19】　被告人は写真業者であるが、大正五年九月中に岡山県下でT女が陰部を露出している正面側面二種の裸体を撮影し、印画紙に焼きつけて仕上をし、翌日ごろそのうちの六枚をM男に販売した。

弁護人は右のような原判示事実をとらえ、原判決は本件の写真が猥褻であるとの事実を認定していないばかりか、「陰部露出の裸体写真常に必ずしも猥褻に非ず。如斯芸術品は常に吾人の疑なく見来り居るものなり。裸体写真の猥褻なるには、国民道徳感情に反し、両性的羞恥感情を害する程度に挑発的反美的ならざるべからず。然るに、原判決は此点に対し何等の必要的事実の認定を為さず、且つ之に対する証拠なし。」と言つて上告した(他の上告論点省略)。

大審院はこれに対して「販売の目的物が婦人の陰部を露出せる正面及び側面二種の裸体を撮影して写真紙に焼付け仕上を施したる物件なることを認定する以上は、特に其物件が猥褻なる旨を明に説示せずとも、刑法第百七十五条に所謂猥褻物に該当するは論を竢たざる所」であると判示した(大判大六・五・一九刑録二三・四八七)。

陰部露出の裸婦の写真は猥褻性を有することが当然であるとすれば、まさに判旨の説くとおり、そういう写真であることさえ認定判示すれば、さらにそれが猥褻物であることまで判示する必要はない。しかし、上告論旨の争つているのは、そんなことではなく、そもそもそういう裸婦写真は美的鑑賞に耐えるものであつて、絶対に猥褻性はないということなのであるから、判旨は全くこれに答えてはいないわけである。それはとにかくとして、判旨はあきらかにこの写真を猥褻物であるときめてかかつているところに、当時の裁判所の描いていた猥褻概念の実質がどのようなものであつたかを、ほぼうかがい知ることができる。その時から四十数年を経た今日、どんなにその実質が変わつてきているかは、あえて辞を弄するまでもないほどである。これは文化史的に見て、まことにおもしろいことである。

こういう陰部露出の裸婦を風俗の面からどう評価するかの変遷は、美術品たること疑いのない絵画・彫刻について、内外に著名な例がいくつもあることは周知のとおりであるが、一般に写真は絵画・彫刻または文芸よりももつと現実に近いから、それだけ厳しい制約を受けることになるのも、また自然のなりゆきである。

ついでながら、被告人の行為は特定人Mに対して一回かぎりこの写真を売却したのであるから、他に特別の事情を判示しないかぎり、「販売」と認めることはできないはずである。さらに、もしこの撮影・焼付もMの依頼にもとづいて行なつたもので、それをMに売つたという事実関係であるならば、なおさら明白に、販売罪は成立しない。もしそうではなくて、不特定または多数の者に売る目的でありながら、現実にはM一人にただ一回売つたところを発覚したというのが事実であるならば、それは

「販売」という構成要件にあたるけれども、それならば、そのいわゆる反復継続の意志を判示しておかなければならない。この点、真事実がどうであるのかは判然としない。

（ロ）　折りかたにより猥褻な図柄をあらわす手拭

【20】　被告人は岡山市内で料亭を経営する者であるが、昭和一二年から同一三年にかけ、同市内において、数十名の者に対し、一見すると、鬼と坊主の模様をあらわした手拭にすぎないようであるが、適宜これを折り合わせると、男女性器の図となるように仕組んだ手拭数十枚を配布した。

岡山地方裁判所は右の事実を認定して、これを猥褻図画頒布罪に問擬した。これに対し弁護人は上告して、「猥褻物の観念は物の常態において決定すべきものであり、この手拭も常態においては鬼と坊主の図として、なんら猥褻な物ではない。ただ異様に形成すれば、猥褻物となる可能性を有するにすぎない。それをしも猥褻物であると言うならば、一塊の粘土もまた猥褻物であるということになろう。」という趣旨のことを論じたが、大審院はつぎのように判示して上告を棄却した。

「其の常態に於て一見淫卑なる感情を生ぜしむることなき図画と雖、猥褻なる形像を露骨に顕出することを隠蔽する意図の下に該図画の或一部と他の一部とを接続することに依り、性的感情を刺激し、人をして羞恥厭悪の念を生ぜしむるが如き形像を顕出せしむることを目的として作成せられたる図画なるに於ては、刑法第百七十五条の猥褻の図画と云うを妨げず。」（大判昭一四・六・二四刑集一八・三四八）。

いわゆる常態において見られる図柄ばかりでなく、特別の畳みかたによつて生ずる図柄も猥褻性の有無を判断する上の対象となることが、この判旨によつてあきらかにされていることに注目すべきである。しかし、そのような意図なく作られたもの、否、自然の産物そのままであつても、配列のしかたや折り畳みかたによつては、猥褻な形象を形づくることがある。交付する者の気づかなかつた特殊の畳みかたを交付を受けた者が考案したとしても、交付した者に罪責を生ずるいわれはない。大切なのは製作の意図ではなく、頒布、販売または陳列のしかたなのである。この事件の手拭にしても、常態だけの図柄のものとして配布したのではなく、特殊な畳みかたから生ずる図柄のあることを明示または黙示の了解のもとに配布したたに相違ないのである。その図柄が常態かどうかということが重要なのではない。

（八）　陰部隠蔽の裸婦に好色的文字を配したポスター

【21】　猥褻図画かどうかという点で問題になつた物は、判決理由の示すところによると、「本件図画中『おいらん祭り』と題するものは縦約一一〇糎、横約五〇糎の彩色刷のポスターで……斜横向の裸体のおいらんが補襠と覚しき衣類を両手で垂し持つて陰部を隠蔽している姿態に『おいらん祭り』『Y線放射能ホルモン爆発』等の文字を配するもの、スチール写真は縦約二〇糎、横約一五糎の白黒写真で……幔幕を背景として桜樹の下に前記類似の姿態をしているおいらんであり、『禁男の室』と題するものは縦約一〇〇糎、横約五〇糎の彩色刷のポスターで……斜仰向裸体の婦人が両手で上顔部を覆つている姿態に陰部を隠蔽している『未成年者は見るべからず』の文字の外『禁男の室』『性教育学術映画』『一度は是非見ておく可き！　堕胎？　避妊？　妊娠？出産の状況』『にじみ出る油汗と苦痛にのたうつ女体』『安心して享楽を……子宮の防衛を』等の文字を配するもの」である。

これによると、これらのポスターの重要な特徴は、一方においては陰部を隠してあるという点で猥褻性から遠ざかりながら、他方においては好色的文字を連ねて猥褻性を増すような工夫をしてあることである。このようなポスターは猥褻図画であろうか。今日世間の常態から見れば、陰部隠蔽の事実さえあれば、特別に刺激的姿態を示さない以上は、猥褻とは言えないであろう。ここに判示されたような好色的文言は好ましくない刹那主義の享楽謳歌の弊風を示すものではあるが、この程度の文言は性欲に対する直接的刺激としてははなはだ微弱なものであるから、この種の文言が添えられたからといつて、猥褻図画となるとは言えまい。本件の図画につき、甲府地方裁判所の示したつぎの判旨は、この趣旨に合致するものである。

「性器又は性行為の直接的詳細な描写も見当らないし、裸体それ自体或はそれに配する文字、背景等を含めて全体的に観察してもその紙背に性器又性行為の描写があることを容易に感じ得させるに至らないものである。成程本件各図画は……一般大衆の好色心に訴へることを目的としたものであるから、殊更に連想しようとすれば、……陰部の形象果ては性行為すらも連想し得ないこともないであろうし、……配する文言がこれを助長していることも否めないであろう、然し乍らそれは極端な連想を以つてして始めて可能であると言う外はなく普通人の正常な連想を以つてしては……それを透見することは不可能に近い。依つて本件各図面の程度を以つてしては未だ徒らに性欲を興奮又は刺激させ且つ普通人の正常な性的羞恥心を害し善良な性的道義観念に反するものと言うことは出来ないから本件各図画は刑法第百七十五条の猥褻の図画と認めることはできない」（甲府地判昭三三・一二・二三第一審刑事判例集一・一二・二〇八四）。

（二）　性典映画

【22】　被告人の行為事実の詳細はわからないが、「若き人妻の性典」と題する映画を販売したところ、買主が一般映画館でこれを上映したことが問題になつた。

第二審の判旨は、つぎのとおりである。

「原審が猥せつ図画であると認定した『若き人妻の性典』と題する本件映画フィルムは『無痛分娩』一巻及び

『産児制限の知識』二巻をもつて編集され、前者は、『無痛分娩法』という医学書より脚色し、後者は産児制限普及の意図で製作され、その内容は受胎調節の各種の方法を主として図解及び録音解説の手法により客観的科学的に説明したものであつて、製作意図並びに内容を通じて真面目な社会教育映画と認められるのであるが、……女性の性器にダッチペッサリー、洗滌器具等を挿入する場面を瞬間的に映写した部分があり、原審は、この部分をもつて、女性生殖器を露骨に撮影し猥せつ性を有するものと……判断したものと認められる。……そこでその当否を考えて見ると、……前記指摘部分は、その前後の部分と通じて観察すると、ダッチペッサリー法、洗滌法等による受胎調節の効果方法等を図解及び録音解説の手法によつて説明し、……右の手法は前後の関係を通じて必ずしも不必要なものとはいい難く、その映写時間は何れも瞬間であり、画面に露出される性器はごく一部に限られ、しかも医師の診察衣の下半分や手が性器に近接し、何等卑猥な連想を誘起するような雰囲気を看取し得ないことに徴すれば、右は受胎調節の方法を教示説明するための必要にして最少限度の時間及び部位に限り女性の性器を露出したに過ぎないというべく、まして全巻を通じて素直にこれを観れば、一般観客に対し、徒らに性欲を興奮又は刺激させる効果は絶無に等しいと解するを相当とし、且つ普通人の正常な羞恥心を害し善良な性的道義観念に反するものとは認め難い」(東京高判昭三三・一二・二〇高裁特報五・一二・五二一)。

事実そのものは、この判決文によつて推測するよりほかはないが、おそらくその推測もほぼまちがいないとすれば、判旨は正当と評すべきである。この判旨のなかで大切なのは、問題の画面が医学的な性質のものであるばかりでなく、それが説明上必要な最小限度を守つているということである。小説のなかの性的場面の描写などについても、この必要最小限を守るということが大切である。純然たる芸術理論の方でも、その描写と作品全体との必然的関係の存在することが必要であるとの議論があり、わたくしもそれに共鳴する者であるが、その意味においても、必要最小限という要求には、芸術理論上の根拠が与えられる。科学上の説明についても同様である。

ただ、この事件では、第一審相被告人がこの映画を一般の営利事業の映画館において上映し、刺激的宣伝と相待つて、青少年に対して無制限に見せるなどして、風教上好ましくない影響を与えたらしい事情もあるので、検挙されたようであるが、そういう事情があるからといつて、映画そのものが猥褻性を帯びるとの考えは判決のとらないところであり、またそれが正しいと考えられる。

（ホ）性交を容易に連想させる姿態の図

【23】　この事件で問題になつた図画は、第二審の判決によれば、「画面向つて右上部に『売女』と大書し、下半身裸体の男性が乳房、大腿部等を露出し、殆んど裸体と見られる女性の身体の上に乗りかかるような姿勢で白布の上で相抱擁し、女性の片手は男性の背部を擁している場面であつてまさに男女の性交を連想させうるものである。」と。

これに対する第一審の判旨は、第二審たる東京高等裁判所が要約して示すところによると、「本件図画は男女交接の場面を描いたものとは認め難く従つてすべて見る者をして直ちに男女が性交していることを連想させることはできず、未だ猥褻とは認められない。」というのであつたが、検察官の控訴により、第二審はつぎのように判示して猥褻性のあるものと認めた。

「本件図画……は……たとえ男女交接の場面を描いたものでなくても、見る者をして容易に男女交接の場面を連想させうるものである。しかも本図画からは何等高尚優美な美的感興情趣を感得することはできず、ただ色欲的感情を刺激する卑猥感を感ずるだけであつて、なお記録並びに原審が取調べた証拠に現われた事実によつても、芸術的雰囲気を醸成する意図のもとに表現されたものとは到底認められない。かえつて専ら性的好奇心を挑発させる煽情肉欲的雰囲気を醸し出す意図のもとに描かれたものであることが窺われるので、色欲色情を挑発する不浄のもので、通常人の正常な性的羞恥心を害し、善良な性的道義観念に反し、若い人々の品行を堕落させ、性的関係について善悪の基準を低下させる傾向を有するものであつて、まさに猥褻な図画と認めるべきものである」（東京高判昭二六・一一・二 七東京高検判決速報一五八）。

この判決の当否は実物を見なければ論じえないが、性交の直接描写のないものでも猥褻図画と認められるとなると、いわゆる「あぶな画」などにも禁が及ぶことになるかと思うが、それでは行きすぎになる場合も多くはないかと思う。性関係の表現物は、あまり露骨だと、人間の繊細な情操を害することになるから、禁じなければならないが、程度の軽いものは、人間の本性に触れるものであるから、人間性の好むものであり、人間生活のうるおいともなるものである。性欲の昇華された形態が芸術百般の源泉となつていることも忘れてはならない。

三　文芸作品に関するもの

（イ）　誹風末摘花

【24】　被告人は昭和二二年八月東京都下の自分の事務所などで、数百名の者に対し、みずから脚注を施した「誹風末摘花」と題する古川柳の書籍約一、四〇〇部を売却した。

検察官はこれを猥褻文書販売罪にあたるものとして公訴を提起したが、東京地方裁判所は、つぎのような理由で、この書籍を猥褻文書とは認めなかつた。

「なる程『誹風末摘花』には公訴事実にあげている様な性愛の句が多数収録されて居り、中には卑猥な感じを与える様な句も相当認められる。しかし、これらの句も『性欲を刺激興奮せしめる』と言うよりは、先づおかしみとうがちが読者の笑いを誘うと謂う風のものである。……川柳は古くより世態の裏、人情の機微をつく滑稽の文学として認められて来たものである。

今『誹風末摘花』が猥褻書なりや否やを判断するにはもとよりその前句とは離れて収録の川柳自体によつてこれを判断しなければならないことは勿論ではあるけれども本来川柳は前句に対する附句として成立し前句と共に提供せられたもので同書収録の句をその前句と照合し前句との関連に於てこれを観ると云うことは、真の句意を理解する上に大切であると同時に、それによつて附句としての奇想、人の意表に出た句のをかしさを一層よく理解し得ると云うことも看過出来ない。たとえば公訴事実に挙げている『間男の不首尾はこぼしこぼし逃げ』は『たくさんなこと〳〵』に対する附句であつて、その句意は、不首尾に終つた間男が悪口たらたら逃げて行く様を笑つたものであると解するのが正しいとの説もあり斯く解釈すれば右の句は凡そ『猥褻』とは縁遠き句となるのであり、又同じく公訴事実にあげられている『たくわんを握つて下女はされて居る』は『ながいことかな〳〵』に附する附句であつて、この前句との関連に於て右の句を観ると、附句としての着想のおもしろさ、句のをかしさが一層よくわかる様に思われる。

……右『誹風末摘花』の収録を通覧すると、公訴事実に指摘している様な一応猥雑と認められる様な句も相当含まれてはいるけれども、他面、恋の句であつても性愛の句ではなくどの点から観ても問題視するに足りない句も多数あり、又史上の人物、事件等と句意がかけてあつたり、川柳独特の術語（柳語）が使つてあつたりして難解であり、その道の専門家の解決を待たなければ到底句意を理解し得ない様なものも相当あり、或は句の表現形式から来る技巧、言葉の省略等によつて相当の知識教養ある者でなければその意味を解し得ない様な句も多い、従つてこれらの句は、仮令その句意が相当卑猥であつても、それが直接的、刺激的には現われて来ていないのである。若し本書に被告人のほどこした脚注がなければこのことは一層甚だしいと謂へようし、被告人の脚注によつてある程度句意を理解し得るには至つているけれどもその解説も簡単であつて、以上の特色がこの為に失われているのではない。そこで一番問題とすべきは、一般の人にも一読その句意が容易に判り、しかも一応猥雑な内容を持つと思われる句であつて、斯様な句も本書中に相当数見受けることが出来る。しかし乍らこれらの句も、本来直接性欲を刺激することを目的として作られたものではなく、前句附として、読者のをかしみを誘う素材に、性恋の種々相を持つて来たと云うに過ぎぬものであるからそこには一読笑ひをさそうをかしみが流れて居り、直接性欲を刺激興奮し羞恥嫌悪の感を生ぜしめると云うのには当らないものと思われる」(東京地判昭二五・八・二六判例体系三三巻一三二)。

この判決は地方裁判所のものであるから、他の裁判所に対する心理的拘束力がそう大きいとは思われないが、いろいろの意味を含んでいる。いつたい、「誹風末摘花」というものは、刑法にいわゆる猥褻文書かどうかは別として、文学史の上では好色的な句を集めた書として著名である。辞書(たとえば「広辞苑」一一四二ページ)にさえそのむねの記載があるほどであるから、これは否定できない。したがつて、久しくその出版ができない状態にあつたわけである。それが今日ではいわゆる「性の解放」の線の上に乗つて、このような無罪判決というものにもなつてきたわけである。時代の変化を如実に示している。それだけに、はたしてそれが刑法上の猥褻概念にあてはまるものかどうかということは、なかなかの難問である。

この判決で問題とするに足りると思う点をいくつか拾つてみると、つぎのような点がある。

（一）　前句を附けて考えてみるべきかどうか。これは、出版物自体に前句が掲げられていない以上、前句と切り離して判断すべきものである一つの作品は全体として評価せらるべきものであることは言うまでもないことであるから、この事件より後に問題になつたいわゆるチャタレー事件などにおいても、性欲描写の部分ばかり抜萃的に読んで、これに対する刑法的評価をきめることの不当が指摘され、今日では、そのことは学界・実際界においてほぼ定説化しているくらいである。この理論を逆に用いれば、かりに前句と合わせて見れば猥褻たりえないものでも、前句を除去して見れば、猥褻になるということはありうべきことである。したがつて、前句なしで出された文書は、前句を欠く状態において判定されるのが正しい。判旨は前句にこだわりすぎていると評したい。

(二)　判決が例示的に取りあげている二つの句を見ると、間男の句は全く猥褻性とは関係のない解釈もあるということであるが、そのような説があるからとて、ただそういう「説もある」という程度のことで、本文の猥褻性を否定できるものではない。文書の性質上、平均人の直観的理解においてどう感ずるかが重点である。したがつて、異なる解釈を容れる余地がある程度のことでは片がつかない。ましして、この例句の前句が「たくさんなこと〱」というのであつてみれば、この「こぼし〱逃げ」というのが愚痴をこぼしたことを指すとは解しがたい。「たくさんなこと」などという表現を愚痴の分量を形容したものと解するのは、はなはだ牽強附会である。

(三)　難解な「句も多い」ことは事実であるとしても、そうでない句もあるとするならば、難解な句も多いということが、そうでないものまで含めて、総体として猥褻性を否定する根拠にはならない。

(四)　これらの句が「本来直接性欲を刺激することを目的として作られたものでない」ということも、大して正当性の根拠にはならない。創作の本来の目的がどうであるかではなく、出来上つたものそれ自体がどんなものであるかによる。この場合の目的は行為のいわゆる動機にほかならないのであるから、それあるがゆえに犯罪の成否に消長をきたすものではありえない。

（五）「誹風末摘花」を猥褻文書と見るべきかどうかは、以上のような諸点によつて決するものではなく、判旨も認めるように、この著作は好色趣味に訴えるところはあるが、戯画化された「おかしさ」を表現するものであることもまた顕著な事実であるから、そのために猥褻性は後退し、法にいわゆる「猥褻」の概念にあたるほどのものではないと言えるかどうかによつて決せられる。判決はこれを否定したのである。やはり、引用の判決文の末尾の部分にあるように、おかしみが先に立つて、直接に性欲を刺激し興奮させるというものではないと見られるところに、この文書の猥褻性の否定される最大の根拠がある。

この程度のものについては、それを否定するのが社会通念に合つているのかもしれない。猥褻の限界は論理だけで割り切れるものでもないから、世間の大勢がこの程度のものを許容しようとする風潮にあるならば、それがいわゆる「社会的相当性」の限界内において許されるものと言わなければなるまい。本件について、検察官の控訴もなく、無罪が確定したという事実に徴すると、今のわが国では、この程度のものは許容するのが相当であると見るべきか。

（ロ）「チャタレイ夫人の恋人」訳書——最高裁判所第二のリーディング・ケース

【25】　この事件は世上に「チャタレイ事件」と略称されている。あまりにも有名であるから、被告人名も判決文記載のまま記すことにする。

被告人小山久二郎は出版業株式会社小山書店の社長として同書店の統轄者であるが、ロレンスの著作「チャタレイ夫人の恋人」の翻訳出版を企て、被告人伊藤整にその翻訳を依頼し、同被告人は右依頼に応じてその翻訳を完了して被告人小山に訳稿を引渡した。同被告人は日本訳を得た上、その内容の性的描写記述を知悉しながら、これを上下二巻に分冊して出版し、昭和二五年四月から六月にかけて、東京都内同会社本店等で日本出版販売株式会社等に対し、上巻八〇、〇二九冊、下巻六九、五四五冊を売り渡した。

この訳書の内容は、最高裁判所の判決（最判昭三二・三・一三刑集一一・三・九九七）が要約して示したところによると、つぎのようなものである。

「話の発端は第一次大戦において負傷し、性的機能を失つた若い貴族のクリッフォードとその妻コニーとの、中部イングランドのラグビー邸における彼女にとつて不自然で退屈な生活である。そのうちにコニーとクリッフォードの雇人で、その領地内に住んでいる、妻と別居していたメラーズという森番の男との間に恋愛および肉体的関係が発生、発展し終に両人ともに社会的拘束をふり切り、離婚によつて不自然と思われる婚姻を清算して恋愛を基礎とする新生活に入ろうとする。これがこの小説の構造のあらましである。そしてこの構造は思想的、社会的、経済的の主題によつて肉附がなされているのである。それらは貴族階級の雰囲気に対する批判、工業化による美しい自然の破壊、農村の民衆の生活に及ぼす影響、鉱業労働者の悲惨な境遇、人心の荒廃、非人間化等の事実を指摘し、また著者自身が真に価値のある生活と認めるものおよび著者のもつ社会理想を暗示している。そしてその主題の中で全篇を一貫する最も重要なものは、性的欲望の完全な満足を第一義的のものとし、恋愛において人生の意義と人間の完成を認めるかのような人生哲学である。

かような人生哲学からして著者は彼の祖国のみならず他の国々においてあまねく承認されているところの、性に関する伝統的な、彼のいわゆる清教的な観念、倫理、秩序を否定し、婚姻外の性交の自由を肯定するが、同時に性的無軌道な新時代の傾向に対しても批判的であり、精神と肉体との調和均衡を重んずる性の新な倫理と秩序を提唱しているものであること本書の内容、著者自身の序文、その他の著書および原判決において引用するロレンスの書翰からして推知できるのである。この点から見て本書がいわゆる春本とは類を異にするところの芸術的作品であることは、第一審判決および原判決も認めているところである。しかしながらロレンスの提唱するような性秩序や世界観を肯定するか否かは、これ道徳、哲学、宗教、教育等の範域に属する問題であり、それが反道徳的、非教育的だという結論に到達したにしても、それだけを理由として現行法上その頒布、販売を処罰することはできない。これは言論および出版の自由の範囲内に属するものと認むべきである。問題は本書の中に刑法一七五条の「猥褻の文書」に該当する要素が含まれているかどうかにかかつている。もしそれが肯定されるならば、本書の頒布、販売行為は刑法一七五条が定めている犯罪に該当することになるのである。」

そうして、特に検察官が重点を置いた描写の場面が一二箇所あるのである。

この事件の第一審は特異の理論により、翻訳者伊藤整の共犯でないとして無罪にした（東京地判昭二七・一・一八）が、第二審は原判決を破棄し、自判して被告人両名の罪責を認めた（東京高判昭二七・一二・一〇刑集五・一三・二四二九）。その間に猥褻の概念に関する理論も判示されていて興味があるが、結局、判例としては最後の最高裁判所の判決に決定的な意味があるわけであるから、それについて述べる。そこには、猥褻の概念についても、重要な意見が数点つぎのように指摘されている。

一、猥褻物の概念については、大審院【11】および最高裁判所【16】の判例を引用した上、「これらの判例を是認する」と明言し、さらに附言して「猥褻文書たるためには、羞恥心を害することと性欲の興奮、刺激を来すことと善良な性的道徳観念に反することが要求される。」としている。従来の判例是認という点では、この概念規定に格別の新鮮味があるわけではないが、その概念はここにさらに判例を重ねていよいよ判例として不動の重きを加えることになつたわけである。判決はさらにその根拠について左のような説明を縷々述べている。

「およそ人間が人種、風土、歴史、文明の程度の差にかかわらず羞恥感情を有することは、人間を動物と区別するところの本質的特徴の一つである。羞恥は同情および畏敬とともに人間の具備する最も本源的な感情である。人間は自分と同等なものに対し同情の感情を、人間より崇高なものに対し畏敬の感情をもつごとく、自分の中にある低級なものに対し羞恥の感情をもつ。性欲はそれ自体として悪ではなく、種族の保存すなわち家族および人類社会の存続発展のために人間が備えている本能である。しかしそれは人間が他の動物と共通にもつているところの、人間の自然的面である。従つて人間の中に存する精神的面即ち人間の品位がこれに対し反撥を感ずる。これ即ち羞恥感情である。この感情は動物には認められない。これは精神的に未発達かあるいは病的な個々の人間または特定の社会において欠けていたり稀薄であつたりする場合があるが、しかし人類一般として見れば疑いなく存在する。例えば未開社会においてすら性器を全く露出しているような風習はきわめて稀れであり、また公然と性行為を実行したりするようなことはないのである。要するに人間に関する限り、性行為の非公然性は、人間性に由来するところの羞恥感情の当然の発露である。かような羞恥感情は尊重されなければならず、従つてこれを偽善として排斥することは人間性に反する。なお羞恥感情の存在が理性と相俟つて制御の困難な人間の性生活を放恣に陥らないように制限し、どのような未開社会においても存在するところの、性に関する道徳と秩序の維持に貢献しているのである。

ところが猥褻文書は性欲を興奮、刺激し、人間をしてその動物的存在の面を明瞭に意識させるから、羞恥の感情をいだかしめる。そしてそれは人間の性に関する良心を麻痺させ、理性による制限を度外視し、奔放、無制限に振舞い、性道徳、性秩序を無視することを誘発する危険を包蔵している。もちろん法はすべての道徳や善良の風俗を維持する任務を負わされているものではない。かような任務は教育や宗教の分野に属し、法は単に社会秩序の維持に関し重要な意義をもつ道徳すなわち「最少限度の道徳」だけを自己の中に取り入れ、それが実現を企図するのである。刑法各本条が犯罪として掲げているところのものは要するにかような最少限度の道徳に違反した行為だと認められる種類のものである。」

この判旨はすこぶる講壇的であるだけに、純理の点では異論をさしはさむ余地もあるけれども、いわゆる「性行為の非公然性」を強調しているところに、猥褻概念の中枢的要素を示すものとして重要な意味を持つ。それは、卑近な言葉で言えば、露骨な表現が猥褻として嫌われているのであり、それが刑法上の処罰の対象にもなっているのだということを言っているわけである。そのかぎりにおいて、この判旨もまた正当だと言ってよい。この非公然性の根拠にしても、結局は人間生活の風習がそうなっているから、公然を嫌い、刑法によってまで露骨さを排除しようとしているというだけのことである。上記引用の判決文のなかにも、裁判所が性行動を低劣視するような態度があらわれているが、これはいわれのない偏見であり、時代錯誤でもある。とはいえ、このごろの一部の論者のように性行動を「尊厳」だなどというのにも賛成しかねる。ただ生物としての人間の行動として不可欠の事実だというだけのことである。別に貴くもなければ賤しくもない。それをどう考えるとしても、風習として公然性を嫌っているという事実は、法の世界でも無視できないのである。そこに性に関する人間感情のデリカシーが発達したのであり、それが傷つけられないように、法の干渉が起こってきているにすぎない。そう即物的に考えたいものである。

二、猥褻かどうかをきめるのは、事実認定の問題ではなく、法的価値判断の問題であるとのこと。この点は従来判決の上であまり取りあげられたことがないが、判旨はこれに論及して「著作自体が刑法一七五条の猥褻文書にあたるかどうかの判断は、当該著作についてなされる事実認定の問題ではなく、法解釈の問題である。」と判示している。判旨の正当なことは多言を要しない。文書なら文書がどういう形式・内容を有するものかということを確認するのが事実認定であつて、それが法にいわゆる「猥褻」にあたるかどうかを決定するのは、法的価値判断である。

三、猥褻かどうかの判断基準が何であるかについて、判旨は「一般読者に与える興奮、刺激や読者のいだく羞恥感情の程度……の判断をなす場合の規準は、一般社会において行われている良識すなわち社会通念である。この社会通念は、『個々の認識の集合又はその平均値でなく、これを超えた集団意識であり、個々人がこれに反する認識をもつことによつて否定するものでない』ことと原判決が判示しているごとくである。かような社会通念が如何なるものであるかの判断は、現制度の下においては裁判官に委ねられているのである。……従つて本著作が猥褻文書にあたるかどうかの判断が一部の国民の見解と一致しないことがあつても止むを得ないところである。」

四、「性一般に関する社会通念が時と所とによつて同一でなく、同一の社会において変遷があることである。現代社会においては例えば以前には展覧が許されなかつたような絵画や彫刻のごときものも陳列され、また出版が認められなかつた小説も公刊されて一般に異とされないのである。また現在男女の交際や男女共学について広く自由が認められるようになり、その結果両性に関する伝統的観念の修正が要求されるにいたつた。つまり往昔存在していたタブーが漸次姿を消しつつあることは事実である。しかし性に関するかような社会通念の変化が存在しまた現在かような変化が行われつつあるにかかわらず、超ゆべからざる限界としていずれの社会においても認められまた一般的に守られている規範が存在することも否定できない。それは前に述べた性行為の非公然性の原則である。この点に関する限り、以前に猥褻とされていたものが今日ではもはや一般に猥褻と認められなくなつたといえるほど著るしい社会通念の変化は認められないのである。かりに一歩譲つて相当多数の国民層の倫理的感覚が麻痺しており、真に猥褻なものを猥褻と認めないとしても、裁判所は良識をそなえた健全な人間の観念である社会通念の規範に従つて、社会を道徳的頽廃から守らなければならない。けだし法と裁判とは社会的現実を必ずしも常に肯定するものではなく、病弊堕落に対して批判的態度を以て臨み、臨床医的役割を演じなければならぬのである。」

ここでも、やはり性行為の非公然性に対する侵害が猥褻概念の中核であることが強調されている。

五、この訳書自体の猥褻性については、「検察官の指摘する一二箇所に及ぶ性的場面の描写は、そこに春本類とちがつた芸術的特色が認められないではないが、それにしても相当大胆、微細、かつ写実的である。それは性行為の非公然性の原則に反し、家庭の団欒においてはもちろん、世間の集会などで朗読を憚る程度に羞恥感情を害するものである。またその及ぼす個人的、社会的効果としては、性的欲望を興奮刺激せしめまた善良な性的道義観念に反する程度のものと認められる。要するに本訳書の性的場面の描写は、社会通念上認容された限界を超えているものと認められる。」

と判示し、

なお「本書が全体として芸術的、思想的作品であり、その故に英文学界において相当の高い評価を受けていることは上述のごとくである。本書の芸術性はその全部についてばかりでなく、検察官が指摘した一二箇所に及ぶ性的描写の部分についても認め得られないではない。」と評価している。しかし、芸術的価値があるからといつて、かならずしも猥褻性を否定するわけにはいかないとするのが、つぎの判示事項である。

六、芸術作品も猥褻たりうるかにつき、判決はつぎのように説示している。これは従来の判例上論ぜられなかつた点を明確にしたという意味において画期的なものである。

「芸術性と猥褻性とは別異の次元に属する概念であり、両立し得ないものではない。猥褻なものは真の芸術といえないというのならば、また真の芸術は猥褻であり得ないというならば、それは概念の問題に帰着する。これは我々が悪法は法と認めることができるかどうかの問題と類似している。実定法の内容が倫理的に悪であり得るごとく、我々が普通に芸術的作品と認めるところのものでも猥褻性を有する場合があるのである。いわゆる春本の類はおおむねかような芸術性を欠いているから、芸術性を備えている本件訳書はこれを春本と認めることができないこと第一審以来判定されてきたところである。しかしそれが春本ではなく芸術的作品であるという理由からその猥褻性を否定することはできない。何となれば芸術的面においてすぐれた作品であつても、これと次元を異にする道徳的、法的面において猥褻性をもつているものと評価されることは不可能ではないからである。我々は作品の芸術性のみを強調して、これに関する道徳的、法的の観点からの批判を拒否するような芸術至上主義に賛成することができない。高度の芸術性といえども作品の猥褻性を解消するものとは限らない。芸術といえども、公衆に猥褻なものを提供する何等の特権をもつものではない。芸術家もその使命の遂行において、羞恥感情と道徳的な法を尊重すべき、一般国民の負担する義務に違反してはならないのである。

芸術性に関し以上述べたとほぼ同様のことは性に関する科学書や教育書に関しても認められ得る。しかし芸術的作品は客観的、冷静に記述されている科学書とことなつて、感覚や感情に訴えることが強いから、それが芸術的であることによつて猥褻性が解消しないのみか、かえつてこれにもとづく刺激や興奮の程度を強めることがないともいえない。」

七、猥褻性存否の判断は作者の主観的意図によつてすべきではないという点も、明確に打ち出して「猥褻性の存否は純客観的に、つまり作品自体からして判断されなければならず、作者の主観的意図によつて影響さるべきものではない。弁護人は猥褻文書とは『専ら自発的判断力の未熟なる未成年者のみの好奇心に触れることを予想し性の種族本能としての人道的職分を否定又は忘却せしめ肉体を消耗的享楽の具たらしめ未成年者をして恢復し難い心身の損失を招かしめるような悪意ある性関係の文書』と定義し本件訳書が誠実性をもつていることを理由として、原判決を非難する。しかしこの定義によれば、いやしくも芸術的、学問的その他の意図を有する文書は極端に猥褻なものといえども猥褻文書から除外され、猥褻文書いわゆる春本の類に限局されることになる。作品の誠実性必ずしもその猥褻性を解消するものとは限らない。」

以上が、この事件についての最高裁判所の判旨のうち、「猥褻」の概念をあきらかにする事項に関する部分である。細部はともかくとして、おおむね当を得た判旨であり、大法廷の判決であるだけに、これらの諸点はわが国自後の裁判に対して有力な指標となることは、言うを待たない。なお、この裁判については真野毅、小林俊三の両裁判官の少数反対意見が附せられてはいるが、結局において、両氏ともこの翻訳書を猥褻文書と認定することについては反対していないから、この点では大法廷の全裁判官一致ということになる。

この事件では、第一審たる東京地方裁判所がビンディンク（Binding）の猥褻概念の相対性というものを重視する立場に立ち、小山被告人の売りかたが人の卑猥な感情に訴えるようなものであつたので、それ自体は扱いようによつてはほんらい猥褻でない文書まで、猥褻なものとして世間に受け取られ、そのため、猥褻文書を販売したことになつたのだとする見解を示した。すでに最高裁判所の判例になつた事件の下級審の判決文をあまり長文にわたつて引用することは差しひかえるが、中間を大いに省略しつつ、その判決文を抜萃すると、つぎのような文言が、この間の事情を語っている。

まず、廉価版として、しかも上下二巻に分けて、きわめて買いやすくして売り出したことを非難し、「これは他の小説と異なり上巻より下巻へと真面目なる態度で読むのでなければ、その意図を汲むことが困難である……。従って本訳書が読者に与えられる際には如何にしたら真面目に読まれるかという点に重点をおいて考え、措置せらるべきであつて、手軽に、気安く買はれるというが如きは却つて本書を誤読することへの拍車となるのである。」と述べている。しかし、高価な限定版などにすればよいという考えかたには、わたくしは賛成できない。高価にすれば買手は少なくなり、知的にも比較的水準の高い読者が附くことは事実であろうが、低級な金持に特権を与えるようなことにもなるからである。

それから、第一審は広告の案文を非難して「……新聞掲載のものには『戦争の為に性的不具になった夫にかしづく貴婦人チャタレイと、坑夫の家に生れた森番メラーズとの恋愛を描いたこの小説は、死を五年後にひかえたロレンスが全く発表を予想せず書いたものだけに、その愛慾描写は曾て何人も試み得なかつたほど大胆である為に各国ともこれが出版の可否をめぐつて烈しい論争の渦を巻き起した』とあり……読者はこれを低俗なる性慾小説と速断する疑は多分にあるのである。」と断じ、つぎのような最終的結論を導いている。

「叙上の如き環境下に販売せられたる本訳書は、読者の性欲を刺激し、性的に興奮せしめ、理性による性の制禦を否定又は動揺するに至らしめるところのものとなり、ここに刑法第百七十五条に該当する所謂猥褻文書と認めらるるに至るのである。」『チャタレイ夫人の恋人』は所謂春本とは異なり本質的には刑法第百七十五条の猥褻文書とは認め得ないものであるが、叙上のような環境下に本訳書が販売されたことによつて、猥褻文書とせられたるものと認むる……」と（第一審の判決全文は最高裁判所判例集には掲げられていないが、高裁刑集五・一三・二五二四以下に出ている。）。

猥褻か否かの限界線上の物については、広告文などによつてある部分を強調すると、心理学上のゲシュタルト理論に言うところの図と地との関係上、猥褻性が「図」として浮き上つてくるため、ほんらい、そのままなら許容限界内にあるものが、広告文などと附加して一体となることにより、その限界を越えたものとなることはある。その意味での猥褻概念の相対性ということは認められるけれども、それは他のものと附加して一体となり、または一部を削られることによつて別物化したものが、あくまで客観的意味において猥褻かどうかを評価される対象となるのである。

（注）　この判決については、特に注目すべき批判を掲げるものとして、津田正良「猥褻文書の近代的考察」（法曹時報五巻一一号六三六ページ以下）と団藤重光「チャタレイ裁判の批判」（中央公論、昭和三二年六月号四五ページ以下）とがある。いずれも大いに傾聴すべきものであるが、かならずしもわたくしと見解を同じくするものではない。なお、植松正「刑法ノート」昭和三二年初版四七ページ以下にも「チャタレイ裁判」という題の第一審判決批評を盛つた一文が出ている。

それはとにかく、この事件では第一審が特段の力を注ぎ、それを基礎として伊藤被告人の無罪論を展開したところの猥褻概念の相対性については、最高裁判所の判決は全く触れていない。

（八）　「悪徳の栄え」事件

【26】　被告人石井恭二は東京都内に営業所を設けて出版業を営んでいるが、マルキ・ド・サド原著「悪徳の栄え」の邦訳書を上下二巻に分冊して出版することを思い立ち、被告人渋沢竜雄に原著を三分の一程度に縮少して翻訳することを依頼し、同被告人はその依頼に応じて右翻訳原稿を完成して被告人石井に交付したが、その訳書中とくに一四箇所に性交や性戯に関する露骨で具体的かつ詳細な描写を含んでいる文書である。それを被告人石井は出版し、昭和三四年から翌三五年にかけて約一、五〇〇冊販売し、二九一冊を販売の目的で所持した。

以上が刑法第一七五条に該当すると認められた公訴事実の大要である。この事件は昭和三七年一〇月一六日東京地方裁判所によつて無罪の判決を受けたのであるが、検察官の控訴により目下（昭和三八年四月三〇日現在）東京高等裁判所に係属中である。未確定の第一審判決ではあるが、重要な意味を持つている。また、この事件でも、被告人名は本名のまま記す価値があると思うので、いわゆるチャタレイ事件に準じてそういう取扱をしておく。

この判決は、当然のことながら、先の「チャタレイ夫人の恋人」訳書に関する最高裁判所の判例【25】の示す線を忠実に守るという態度を採つている。したがつて、猥褻の概念については、「羞恥心を害することと、性欲の興奮、刺激を来すことと善良な性的道義観念に反することが要求される」との同判例の判旨に従い、三要件を尊重している。そのかぎりにおいて、この裁判に特別重要な意味はないが、世界的に著名なこの原著に関する裁判であるということのほかに、これを猥褻なものでないと認めた理由に特別の意味があるのである。その要旨を卑近な言葉で言えば、この作品はまことにグロテスクな不快なものであるが、そのため猥褻性はかえつて微弱となつていて、全体として猥褻な文書とは言えず、しかもグロテスクを罰する規定はないから、罰しえないというのである。その部分に関する判決文を左に引用しよう。

「本件訳書は、全体が異常に大胆、卒直な性的場面の描写で貫ぬかれているにもかかわらず、一般的にその内容は、空想的、非現実的であり、その表現は、無味乾燥であつて、読者の情緒や官能に訴える要素が乏しいばかりでなく、検察官指摘の性的場面のうち、一部には春本類似の描写によつて性的刺激を与える箇所もないではないが、これらは、いずれも殺人、鞭打、火あぶり、集団殺戮など極度に残忍醜悪な場面の描写が性的場面の描写と不可分的に一体をなすか、あるいは性的描写の前後に接続し、このため、一般読者に極めて不快な刺激を与え性的刺激の如きは、この不快感の前には全く消失させられるか、殆んど萎縮させられる性質のものと認められる。勿論本件訳書の作中人物は、相手に残酷な仕打を加えまたは加えられることによつて、より強い性的快楽を享受するという、いわゆる加虐性ないし被虐性性欲者に関するものであるが、その描写は、普通人である一般読者にとつては、殆んど性欲を刺激興奮させるいとまのないほど、醜悪残忍な情景描写の連続であつて、本件訳書を通読することは、相当の精神的苦痛と忍耐を要するものといわなければならない。……こうした描写から一般読者の抱く不快感ないし嫌悪感は、過度の性的刺激に対して人間がその精神的面すなわち理性から反撥を感ずるところの性的羞恥感や性的嫌悪感ではない。またその不快感は、必らずしも現代のわれわれの家庭、社会、人間関係を支配している人倫、道徳を異常な反逆精神をもつて真正面から否定し、蹂躪しているからという人間の道徳感情からの反撥だけでもない。その加虐方法の徹底したあくどさ、陰惨さ、醜悪さに対して目を覆わんとする生理的な嫌悪感、不快感であつて、美にあこがれ、醜をしりぞける人間の自然的面すなわち本能に由来するものである。これを単に作者の空想であるからといつて一笑に付することはできない。それは、人間が、自然的面において欲求し、誘惑を感ずるところの性的刺激とは、全く相反する方向をとるものであるし、性的刺激に対して人間の精神的面から反撥する性的嫌悪感とは全く異質のものとみなければならない」（東京地判昭三七・一〇・一六）。

いうまでもなく、この本が判旨のような印象を与えるものであるかどうかは事実認定の問題である。この本から受ける印象については、事実審として若手層の証人についての調査が足りないように思うし、正確にはそういう調査の上でないと確言できないけれども、わたくし自身で内容を瞥見し、手近な二、三の青年男女の読者に暗示を与えずに尋ねてみたところでは、判旨はほぼ正当に印象をとらえているもののようである。印象のとらえかたに誤りがなければ、その上に立つ判旨の示す法的評価もまた正当としなければなるまい。風教上好ましくないということと猥褻であるということとは別論である。*

＊植松正「『悪徳の栄え』事件所感」、法律のひろば、昭和三八年一月号二〇ページ以下にややくわしい記述がある。判決全文は同号にも出ている。

五　法律の適用に関するもの

（イ）　公然行なわれた強制猥褻行為と擬律

【27】　被告人は八歳の少女に対し東京府下佐久往還という公然たる道路上で猥褻の行為を行なつたという判示事実につき、第一七六条だけを適用して第一七四条との観念的競合と認めなかつたので、その点が弁護人側の上告論旨となつた。

大審院はこの論旨を容れ、「刑法第百七十六条は同条所定の猥褻行為を秘密に行ひたる場合と公然行ひたる場合とを区別せず同じく処罰すと雖も、公然該行為を行ひたるときは、単に前掲法条に該当するのみならず、別に同法第百七十四条の公然猥褻の行為を為したる罪に触るるものとす。」としたが、それは被告人に不利益な主張であるとの理由により、上告を棄却した（大判明四三・一一・一七刑録一六・二〇一〇）。

刑法第一七四条から第一七六条までならびに第一七八条および第二二五条の各条にはそれぞれ「猥褻」の文字が出ているが、これらの各条に規定された「猥褻」の概念は、かならずしも同一ではない。それはほかに第一七七条に強姦罪に関する別規定がある関係からくるのである。第一七六条はいわゆる強制猥褻罪の規定であるが、実質上は強制猥褻行為の一形態にほかならないところの強姦については、別に第一七七条が規定され、これが第一七六条に対しては特別法の関係になつているので、第一七六条の「猥褻ノ行為」からは強姦行為が除外されることになる。これは形式論理上当然のことであるが、この点をあきらかにした判例もある。

(ロ)　強制猥褻と強姦との関係

【28】　被告人は大正初期に福島県下で一三歳未満の少女を暴力を用いて姦淫しようとした事件である。弁護人の上告論旨によると、宮城控訴院は「……暴力を用いて後方より同人を抱き上げ、路傍芝草の上に押倒し其裾を捲くりたるに、同人は大声を発し……」と事実を摘示しただけである。弁護人はこれを難じて「寧も異性結合の接点に進行したる所為なく、未だ以て強姦の未遂に擬律せらるべき程度に達せざるなり。故に、原判決は爰点理由不備又は擬律錯誤を免れざるなり。」と論じた。しかし、これに対する大審院の判旨によると、原判決は被告人に姦淫の目的のあつたことを認定していたようである。したがつて、この点の論旨は立たないこと当然であるが、判旨は前記両条の関係について、つぎのように説示している。

「刑法第百七十七条の強姦罪は、姦淫の目的を以て特定の婦女に対し……猥褻の行為を為したる場合を規定せるものにして、同第百七十六条の猥褻罪は是等の行為を除外したる法意なること自ら明かなれば、苟くも犯人が姦淫の目的を以て暴行脅迫を用ゐて婦女に対し猥褻の行為を為したる事実を認定する以上は、刑法第百七十七条を適用すべきものにして、前条を適用すべきものに非ず。」(大判大三・七・二一刑録二〇・一五四一)。

あとがき

ここに集録された判例は二八ある。大審院時代にはきわめて少なく、最高裁判所になつてからはるかに多い。

猥褻とはなにか。これについての判例の抽象的見解はほぼ確立しているが、それは四〇年以上も前から一貫している。しかし、その具体的適用に至つては、猥褻か否かの評価の対象について、普通人がどういう印象を受けるかに最終的な拠りどころが、求められなければならなくなる。ちょうどデュルケーム（Durkheim）が社会が道徳的に健康であれば犯罪がつねに存在するという逆説的表現をしたように、性的羞恥感の強い社会では、ものを猥褻視することが多く、それが弱い社会では、猥褻視されるものは乏しくなるであろう。猥褻概念の具体的内容は時と所とを異にするに従つて変化する。

性欲に関連する問題は、人間界においては、他の動物には見られない特異の様相を持つている。一方においては、人々は性欲に関して大きな愛着を持つている。愛着などというのもおろかな本能的衝動を持つている。しかし、他の反面では、なぜかそれを嫌悪するかのようなそぶりをする。人類の長い歴史の間にそうするようにしつけられてきたのである（Welzel, Das Deutsche StR., § 63 Vorbemerkung が前者を人間の自然的生物学的位相とし、後者を人間の歴史的存在とし、両者の間に溝があると指摘しているのは、正しい認識である。）。この本能をひたむきに隠し、時には罪悪視しながら、性欲の所産である子孫の出生については、むしろ得々としてこれを人に示そうとするのは、実に奇妙なことである。神の目から見たら、人間ほど奇怪な動物はないだろう。もつとも、それはわたくしの考える神が世俗的だからではあるが。あるものを猥褻として却けるのは歴史的に成立した風習にすぎない。しかし、現実の人間社会はそうである。刑法はその人間社会の現実の上に立つている。人間のこの矛盾した一面をともかくも承認して、一方ではいわれのない性欲罪悪観にとらわれることのないように心がけながら、他面では人間に発達した繊細な感情を害することのないように、猥褻に対する刑法的規制は考えられていかなければならないものである。

刑法における脅迫の概念

秋　山　哲　治

はしがき

「刑法における脅迫の概念」という主題において刑法をいわゆる形式的刑法と解して稿を進めた。かりに、これをいわゆる実質的刑法の意に解したとしてもそれによつて特に脅迫の概念自体に差異を生ずるものはなく、形式的刑法の脅迫の概念の何れかに属するといつてよいであろう。

脅迫の概念の意味については既に通説といつてよいものがある。特にそれについて異説を展開するという要をみないわけである。学説の立場から判例を批判し、逆に、判例から学説の不備を指摘し反省を求めるということもたしかに判例研究の一つの意味である。しかし、本稿はそうした問題に重点をおいて記述したわけではない。

云うまでもなく脅迫は、数種の刑法犯罪の構成要件である。したがつて、本叢書中の関連した他の題目の説明の中に重複することが考えられる。このような考慮から、本稿は特に脅迫罪の脅迫の概念のみに限定することが適当ではないかとも思われたのであるが、与えられた主題に従つて一応各種の脅迫の概念について説明を加えた。しかし、おのづから、説明に精粗の別が生ずることになる。

脅迫の犯罪的性質について更に堀り下げて研究を進めることは今後に残された課題である。

序説

刑法における脅迫の概念を、判例に即しながら解明しようとすることが本稿の課題である。脅迫を構成要件とする犯罪は刑法典の中でも可成りの数に上る。公務執行妨害罪(九五条一項)、職務強要罪(九五条二項)、加重的逃走罪(九八条)、逃走援助罪(一〇〇条二項)、証人威迫罪(一〇五条ノ二)、騒擾罪(一〇六条)、多衆不解散罪(一〇七条)、強制猥褻罪(一七六条)、強姦罪(一七七条)、脅迫罪(二二二条)、強制罪(二二三条)、威力業務妨害罪(二三四条)、強盗罪(二三六条)、事後強盗罪(二三八条)、恐喝罪(二四九条)等がそれである。

以上の列挙によっても観取し得られるように、犯罪の構成要件となる脅迫はその構成要件的態様において可成り多様なものがある。まず、単独に脅迫それ自体を罪とするものがあり(例えば脅迫罪)、脅迫が他の行為と結合した場合に罪となるものがある。この場合においても、(イ)脅迫が他の行為の目的となるものがあり(例えば多衆不解散罪における脅迫を目的とした多衆の聚合)、(ロ)脅迫が他の行為の手段となるものがあり(例えば加重的逃走罪、強姦罪、強盗罪、公務執行妨害罪、職務強要罪等)、また、(ハ)他の行為と結合しつつ目的でもなく、手段でもなくそれ自体が罪とせられるものがある(例えば騒擾罪における多衆の聚合と脅迫)。

更に別の観点から脅迫の構成要件的態様を識別することができる。即ち、脅迫罪、強制罪にあつては加害の対象として生命、身体、自由、名誉若くは財産を明示するのであるが、他の犯罪にあつては加害の対象を構成要件として特に明示するところはない。

更にまた、暴行との関係においてみれば、脅迫罪(二二二条)及び強制罪(二二三条二項)にあつては脅迫は単独に構成要件とされているが、其の他の犯罪にあつては、脅迫は暴行と並列されている。

次にまた、脅迫行為の主体の別として、群集ないし衆団による脅迫(例えば騒擾罪)と数人或は一個人による脅迫を区別することができる。脅迫が群集の共同意思に基づく共同脅迫(例えば騒擾罪)か個人的意思に基く個人的脅迫かによつても区別し得る。

脅迫はその性質において強弱の程度を分ち得るものである。それが加害の内容自体によるか又は加害通告の方法ないし仕方によるかの問題は別として、恐喝罪と強盗罪とを比較して明瞭であるように脅迫は、強弱の程度において異なるものがある。

また、通告せられた加害の客体についてみれば、通告を受けた特定の個人自身が客体である場合、通告を受けた特定個人の親族(二二二条二項、二二三条二項の如し)である場合が区別せられる。

脅迫によつて侵害せられる法益についてみれば、いわゆる個人的法益に限られるものではなく、国家的法益(例えば公務執行妨害罪)、社会的法益(例えば騒擾罪)に及ぶものであることは殊更に注意するまでもなかろう。

以上のように、刑法における脅迫は、その態様、性質において相当にヴァラエテイに富むものがあると云うことができよう。しかし、要するに、人間が単に物理的肉体的存在たるものではなく心理的精神的生活者である故に、その心理的不安、動揺、恐怖心等を生ぜしめること、又はこれを利用して犯行の目的を達しようとする点は全ての脅迫に共通する特質である。暴行は肉体に加えられる物理的攻撃であるが、脅迫は精神に対する心理的打撃であり、例えばそれは心理的な痛みである。しかし、物理的攻撃とされる暴行も実は同時に心理的不安、恐怖心を生ぜしめるものであり精神的攻撃でもあることを忘れてはならないわけである。

暴行と脅迫が多くの犯罪において構成要件として並列せられるのは、しかし、この理由とは直接の関係はない。暴行による直接の恐怖心と、脅迫による恐怖心とは区別せらるべきものがある。即ち、脅迫においては、加害自体は予告せられたもの、つまり、将来に予想せられる加害であり、それに因る精神的不安であるのであるがそれ故に却つて暴行による直接の精神的苦痛、不安よりも更に一層大なる不安、動揺が起ることも考えられるのである。

こうした脅迫は、なお言論の自由の一種であつて、憲法二一条の保障するものであり、従つて、これの処罰規定は憲法違反であるかについて一応検討してみよう。

【1】「被告人らは日本共産党の判示細胞員若くはブロック指導部員であるところ、昭和二七年七月一三日施行の判示調布町長選挙に際し候補者安沢秀雄の当選を防止する目的で選挙運動中たまたま同月一一日右安沢の居宅に火焔瓶四本が投げ込まれた事件が起るや、翌一二日判示のように共同してこれを利用し同人を非難脅迫するビラを調布町内に撒布し、同人を選挙において不利に陥れるとともに同人に右ビラを閲覧させてこれを脅迫すべきことを共謀し、即日、互いに共同して同町内の諸所で多数人に対し、「天誅遂に下る、天人共にゆるさざる売国奴安沢に町民の怒り爆発」と題し「七月一一日おさえにおさえた町民の怒りは爆発した、過去四年間横暴の限りをつくし、町民の苦しみの上に私腹を肥した現町長安沢秀雄の自宅は英雄的な町民により襲撃された、これは安沢をとりまく売国奴共へ愛国的町民が叩きつけた、たたかいの宣言である。彼等売国奴共

が自己の行為を反省してくいあらためぬ限り、追撃の手は更にのびるであろう」との文言の記載あるガリ版ビラ約四〇〇枚を頒布し、よつて前記火焔瓶投擲を受けて恐怖に陥つていた右安沢をして右ビラのうち約三〇枚を閲読させた」

右の事実に対し第一審（東京地八王子支判昭三〇・五・一六）第二審（東京高判昭三〇・一一・一一）共に暴力行為等処罰に関する法律一条一項、刑法二二二条一項、六〇条に該当すると判決した。これに対する弁護人の上告趣意は次のように述べる。

「本件ビラの頒布行為が仮に形式上脅迫罪の構成要件に該当したとしても、その主要な目的が政党の政治宣伝にあつたことは極めて明白であり、原判決も暗にこれを承認するところである。従つて右は憲法二十一条のいう「言論出版その他の表現」の行為に該当することも又疑いをいれない。かくの如き場合、これを刑事法犯として処断することはその憲法との関連において極めて慎重を要するところであつて、事案全体の態様を深く検討し、それが仮に刑事法条に形式上該当するとしても、それが「国民一般に対し、明白且つ現在の危難を及ぼすおそれ」がない限り憲法の保障の範囲内にあるものと解すべきであつて本件は正にかかる事案であると信ずる。」

以上の上告論旨は、脅迫自体が言論の自由として許されるべきである、というものでは勿論ない。形式上は脅迫罪に該当するとしても、事案の全体的考察においては、それは政治的言論、主張であり実質的には違法性なく犯罪の成立を阻却するものである、との主張であると考えられる。この主張に対し最高裁判例は、いささか問題の焦点をずらしているのであるが、脅迫は公共の福祉を害し憲法の保障する言論、表現の自由の限界を逸脱する、と判示するのである。その要示を引用しよう。

「脅迫は他人に対する文書、口頭若くは態度による通告（表現）ではあるが、それは他人の生命、身体、自由由、名誉または財産に害を加えるべきことを内容とする通告であつて、刑法二二二条により犯罪とせられるところのものであり、……公共の福祉を害し憲法の保障する言論、表現の自由の限界を逸脱し非社会道義的なものであるから、これを同法律第一条の犯罪として処罰する判決も憲法二一条に違反しないものというべきこと多言を要しない。」(最判昭三三・四・二二刑集一二・六・一一二三)。

判決の要旨は勿論、一般的な議論としては異論をさしはさむべきものはない。しかし、問題は個々の事案において、その政治的言論の中で述べられる脅迫的言辞が直ちに脅迫罪を構成するかの判断はまさに全体的具体的考慮を要する性質のものであり、脅迫的言辞とされるものを前後の関連、当時の事情等から切り離してかんたんに断定すべきものではなかろう。それはそれとして、脅迫が言論の自由として許されるという主張は一般論としては到底成立し得ないことは多言を要しないことである。

一　脅迫の意義についての概観

一　脅迫の一般的意義

序説において一応記された通り、脅迫は多種の犯罪の構成要件であり、その態様は決して単純ではないわけである。従つてまた、脅迫の意義そのものも各種の犯罪に即して認識されなければならないものがある。しかし、それらに共通する一般的意義がなければならぬ。多少の表現上の差はあるとしても、脅迫についての一般的意義はわが国の学説及び判例においてほぼ一致したものがある。

「脅迫は恐怖を起さす目的を以て、害悪を加うべきことを通告することである。」(滝川(幸)・刑法各論六六頁)、「脅迫とは、其の一般的意味においては、人を畏怖させる目的を以て、害を加うべきことを告知することをいう。」（小野・新訂刑法講義各論九九頁）、「最も広い意義に於ては、脅迫とは恐怖心を生ぜしめる目的を以て害悪を通知することである。」（木村・刑法各論五五頁）、「人を畏怖させる意思で、畏怖心を生じさせるような害悪を通告すれば……脅迫罪の成立を妨げない。」（大判昭七・一一・一二刑集一一・一五七二）、「苟も他人を畏怖させる意思で、その人を畏怖せしめるべき危険ある害悪を通告するにおいては、脅迫罪が成立する。」（名古屋高判昭二四・一〇・三〇高裁刑特報一・二八五）。

以上の脅迫の定義において注意すべきは、「畏怖させる目的」「恐怖心を生ぜしめる目的」、あるいは、「畏怖させる意思」を明確に表示している。従って畏怖させる目的、意思の無い場合は、脅迫ではないことになる。いわゆる主観的違法要素として特にこれを強調するものであろうか。

以上の定義に対し、「畏怖させる目的」を特に明示しないものがある。「脅迫とは人を恐怖させるに足りる害悪を告知することである。」（団藤・刑法三二八頁）、「脅迫とは、通常人を恐れさせるに足る害悪を加うべきことを人に告知することである。」（植松・刑法概論Ⅱ各論六二二頁）。

判例について検討しよう。「刑法第二百二十二条の脅迫罪は他人を畏怖せしむる意思を以て同条所定の法益に対し害悪を加ふべきことを通告するに因り成立し……（中略）苟も他人を畏怖せしむる意思を以て其人をして畏怖せしむべき危険ある害悪を通告するに於ては害悪の発生を欲望せざるも又他人に畏怖心を生ぜしめざるも其所為は脅迫罪を以て論ずべきものとす。但所論の如く害悪の通告が明白に戯謔に出で被害者をして畏怖心を生ぜしむる意思なき場合に於ては犯罪は成立せざるものとす。然れども原判決に拠れば被告は嫉妬の余り内藤ときに対して半殺に為すべし若くは殺害すべしと脅迫したりと云ふに在りて戯謔の言を弄したる事実を認定しあらざるを以て……（中略）当然脅迫罪を以て論ずべきものとす。」（大判大六・一一・一二刑録二三・一一九七）。

この判例は明白に害悪の通告があつても、畏怖心を生ぜしめる意思のない場合は犯罪は成立しない、とするものである。畏怖心を生ぜしめる意思のある限り犯罪は成立するのであり、畏怖心を利用し実は他の目的を達しようとする場合であつても、究竟の目的の故に畏怖心を生ぜしめる意思は否定さるべくもない。次の判例はこの事理を示すものである。

【2】「脅迫罪は他人が畏怖心を生すべきことを認識し其者若くは親族に対して一定の危害を加ふべきことを通告するに因りて成立するを以て苟も其通告したる危害が他人の平和なる権利享有を妨害すべき性質を有すること即ち、他人をして畏怖心を生せしむべきものなることを認識して脅迫行為を実行するに於ては其最終の目的が危害の通告を受けたる他人をして長怖せしむる以外に於て存するとするも本罪の成立には何等の影響を及ぼすことなし。原判決に於ては被告が故意に手塚ナカ同タス同兼吉に対し身体生命に危害を加ふべきことを通告し同人等を威嚇したる事実を判示しあるを以て、其目的が単に相手方に畏怖心を生せしむる以外に所論の如く被告の妻コタキを畏怖せしめて復帰せしむるに在りたりとするも之が為に被告の罪責に何等の消長を来すべきに非す。」（大判大三・六・二刑録二〇・一一〇一）。

次に上記の脅迫の定義について問題となるのは、それがいわゆる「警告」「いやがらせ」との区別が明瞭であるか否かである（両者の区別は通常、刑法各論の解説において脅迫罪の解釈をめぐつて説明がなされる。しかし両者の区別は脅迫罪の脅迫の意義について妥当するのみではなく、他の犯罪の構成要件である脅迫の意義についても同様に考えられなければならない）。「恐怖心を生ぜしめる意思ないし目的」という行為者の主観に着目するときは、脅迫と警告の意味の区別は明らかにならない。警告においても相手方に畏怖心を生ぜしめる意思は認められるからである。かくしてわれわれは脅迫行為の中核となる加害の予告（通告）の中に両者の区別を識別しなければならない。加害ということは、害悪の内容、害悪を加える行為（手段、方法、時、場所等を含めて）、行為者及び加害の客体等に分解することができる。

加害は予告であるが故に勿論のこと、それは実現せられた害悪ではなく、実現せられ得るものとして予期的観念的である。予期的観念的害悪が通告を受けた相手方において現実の精神上の不安や恐怖心を生ぜしめる。或いは生ぜしめる危険性をもつ、ものとすれば、予告せられた加害にその理由があるのでなければならない。即ち、予告せられた加害が、その内容において、加害行為において、また、行為者においてそれから加害の客体において或る程度の現実性又は可能性を感知せしめるものでなければならぬ。さもなければ単なる気味悪さ、不快感、或る程度の不安などは感ずるとしてもそれが、精神の平安、ないし意思の自由を害するものとするに足らない。加害の現実性又は可能性において最も重要な意味をもつもの、従って特に強調せらるべきものは行為者における加害行為の支配性ないし支配可能性ということである。しかもそれは客観的な支配性ないし支配可能性を要せず、一般的に被通告者がそのように感知するに足るものがあれば、換言すれば、現実的客観性はなくても観念的客観性があれば犯罪の成立に充分であるとされる。かくして、加害行為の客観性において、脅迫とたんなる「警告」ないし「いやがらせ」を区別するメルクマールをみることができる。勿論、警告と云われる場合多義的なものがあり、注意をする、或いは、反省をうながすといった意味がある。しかし、このような意味の警告は脅迫と対比せられる刑法的な意味のないものとしなければならない。

二　脅迫の類型的意義

(一)　強度の脅迫（相手方の抵抗を抑圧する程度の脅迫）

通常、強盗罪、強姦罪の構成要件である脅迫は強度のものであり、「相手の反抗（抵抗）を抑圧する」「抵抗を著しく困難ならしめる」「抵抗を不可能ならしめる」ものとして、そのようなメルクマールにおいて強度の脅迫が考えられている。しかし、この見解は尚一層の吟味を要するものがある、としなければならない。即ち、加害の内容としての害悪自体が強度であるのか、通告せられた加害行為の態様において然るのであるか、或いは加害の通告の態様においてそのようなものであるのか、という点を検討すべきであると思う。例えば、「生命がないぞ」という害悪の通告は害悪自体においては、単純な脅迫罪（二二二条の構成要件を見よ）においても、強盗罪においても同様なものがあろう。そうであるとすれば、反抗を抑圧する程度の強さというのは加害行為の態様又は加害を通告する態様にあると云わなければならないことになる。例えば、見るからに鋭利な兇器を眼前につきつけ今にも危害を加え現実に生命の危険を感ぜしめるような通告であったり、或いはまた、通告された害悪の内容は大したものではないが、暴行を加えられており、その事情においては、更にいかなる危害が及ぶかも知れぬと思われるような場合は、抵抗を抑圧又は著しく困難ならしめるものであると云わなければならない。

しかし、ここで注意を要するものがある。即ち、上記のような強い程度の脅迫は強盗罪強姦罪にのみ見られるものではなく、その他の犯罪においても認められるものである、ということである。換言すれば、他の犯罪の構成要件たる脅迫は弱い程度の脅迫のみに限られるというのではない、ということである。このことは更に換言すれば、強盗罪、強姦罪にあつては強度の脅迫のみを構成要件とするが、他の犯罪における脅迫は一、二の例外を除いては強度の場合もあれば弱い程度の場合もある、ということである。一、二の例外というのは強盗罪と対比せられる恐喝罪にあつては、その脅迫は強盗罪における脅迫とは明らかにその程度を異にするものであるとしなければならない場合である。

単純な脅迫罪（刑二二二）にあつても、抵抗を抑圧せしめられる脅迫のあることを次の判例は示している。

【3】「被告春市は妻サヨが居村永山蘭治と姦通を為したることを覚り蘭治を脅迫して其の事実を自白せしめんことを企て、同人を被告春市の肩書地なる居宅に招き酒食を饗したる末、蘭治及サヨを自宅納屋の室に呼び入れ入口の障子を閉鎖して自ら其傍に坐し蘭治等に対して容易に立出づること能はざらしめたる上、蘭治に対し汝は余の顔へ泥を塗りたるものなりと威嚇しつつ日本刀を抜き放ち之を傍の畳の上に突き立てたるに、同人が右様の覚なき旨答へたるより更に其の目前にて猟銃に弾丸を装塡し其の銃口を蘭治の胸元に向け同人に対し汝は余の顔に泥を塗りながら強て其の覚なき旨を主張するに於ては汝を撃ち殺したる上、自分も死すべしと言ひ、恰も同人を撃殺せんとするものの如く装い同人を畏怖せしめ同人がサヨと姦通せし事実を自白して謝罪の意を表したる為其の動作を止むるに至りたるものなり。……判示の如く生命に対し害を加うべきことを以て蘭治を脅迫したる点に付、脅迫罪の成立を認むべきものとす。」（大判大一三・一一・二九新聞二三三七・二二）。

（二）　加害の対象、客体を特定する脅迫

脅迫罪（刑二二二）及び強要罪（刑二二三）にあつては生命、身体、自由、名誉又は財産に対する加害を脅迫の要件とし、また、上記各条の二項は加害の客体として親族を要件とする。加害の対象、客体を何ら特定しない脅迫とは異った類型的概念となし得る。

（三）　加害の対象、客体、内容、性質又は程度の如何に拘らない意味における脅迫

公務執行妨害罪（刑九五）、騒擾罪（刑一〇六）等における脅迫がこれにあたる。昭和二四年六月発生のいわゆる平事件における福島地方裁判所支部の判決において、この意味における脅迫が観取せられる。その一部を引用する。「今日、署員を集めたのは、平市警察署に応援を出すためだろう」、「応援を出さないと約束しろ」と回答を迫り、目下のところ、応援警察官を巡遣する考えはないとの言明を得たが、その言明だけでは信用できないとし、平市警察署に応援警察官を派遣しない旨書面に記載するように要求し、同署長がこれを拒絶するや、その場に居合わせた者達が、或いは拳をもつて署長の机を叩き、或いは怒号し、どうしても書けないか、書け、制服を脱げ、等申し向け、同署長をして、平市警察署に応援警察官を派遣する処分をなさざらしむるため、右書面の作成を迫り脅迫した際、被告人はこれ等の者とその意思を通じ、同署長に対し、「書けなければ武装解除するから棍棒や拳銃を持って来い、自治警察の仕事は俺達がやる」等由し向けて、脅迫したものである（判例時報六二号）。

（四）　「相手方において、恐怖心を生じ、之に因り一定の行為、不行為を強制せられることを要することもある」としてこれを脅迫の概念の一種とする者もあるが（木村・各論五五頁）、或る種の犯罪成立の要件であるとしても、脅迫自体の概念とすることは妥当でないと思われる。

二　各　説

一　脅迫罪(刑二二二)における脅迫の概念

（一）　脅迫罪の保護法益

脅迫罪における脅迫の概念を考察する前に脅迫罪の保護法益を学説がいかに考えるかについてかんたんに触れることにする。

リストは、法的安全感、法秩序の保護力に対する信頼(Rechtsfrieden ais Rechtsgut des einzelnen ist das Bewuβtsein der Rechtssicherheit, das Vertrauen auf die schützende Macht der Rechtsordnung. Liszt, Lehrbuch, 23. Aufl. S. 422)であるとする。同様の趣旨はシェンケにおいてもみられる(Der Grundgedanke der Bestimmung ist, das Vertrauen des einzelnen auf seinen Rechtsfrieden, das Gefühl der Rechtssicherheit des einzelnen zu schützen. Shönke, Strafgesetzbuch Komm, 6. Aufl. S. 641)。これに対し、行為の自由の危険性であると解する者にヴェルツェルがある(Strafgrund ist die Gefährdung der Handlungsfreiheit. Welzel, Das Deutsche Strafrecht, 4. Aufl. S. 241)。また同様の見解は、メツガー(Mezger, Strafrecht, Bes. 4. Aufl. S. 61)、マウラッハ(Maurach, Deutsches Strafrecht. Bes, S. 85)等に見られる。

我が国の学説も一様ではない。即ち、木村亀二博士は「脅迫罪の法益は個人が法律上違法なる外部的影響から保護せられて居ることの意識、換言すれば法律的安定の意識である」(刑法各論五八頁)とされる。これに対し小野清一郎博士は「単純な脅迫の罪は、個人の平穏に対する罪と考えなければならない」(新訂刑法講義各論一九九頁)とされるのである。江家義男博士は「脅迫の罪は、人の意思の自由を害するものである。意思の自由ということを広く解するならば、意思決定の自由ばかりでなく、意思の平穏も意思の自由である。そして意思の平穏を害する行為は脅迫(Bedrohung)であり、意思決定の自由を害する行為は強要（Nötigung）である、と理解することができる、と定義される」（刑法各論二二二頁）。「法的安全感」ないしは「法によつて保護せられることの信頼感」を脅迫罪の保護法益とする見解については一応検討を要すべきものがある。というのは法律によつて保護せられることの信頼感は、単に脅迫罪によつて侵害せられるばかりでなく他の犯罪によつても同様に侵害せられるものとしなければならないからである。例えば、窃盗罪の被害者は財産の侵害を受けたことにより、同時に法的安全感が侵害されているのである。安平政吉博士もこの点を注意され次の如く述べられる。「いうまでもなく吾々の生活は、法律によつてその安全が保障されているのであり、この信頼に基づく吾々の精神的平和を称して「法律的安全」という。この法的安全の意識、または「人格的安全の感情」は、人の生命、身体、自由、名誉、財産に対する直接的且つ現実的の侵害によつて破壊されること勿論であるが、なおその外に、これらの法益が侵害されるであろうとの不安の意識を惹起せしめることによつても可能である」（改正刑法各論上巻一二九頁）。法益の直接的現実的侵害が同時に法律的安全感をも侵害するものであるとすれば今、かりに脅迫罪における保護法益を法律的安全感であるとしても、法律的安全感をそれ自体として独立に保護するものである、としなければならない。

脅迫罪における恐怖心ないし畏怖心、或は不安感の性質自体について、今少し検討すべきものがある。同じく恐怖心であつても、それが宗教ないし信仰に基づいた恐怖心を内容とするものがある。こうした、恐怖心に対応するものとして、宗教的平安感を想定するとすれば、このような宗教的平安感自体は脅迫罪における保護法益であろうか。それは余りにも主観的であり特殊的な個性を帯びる性質のものであり、特定の信者に限定せられるものである。このような性質をもつ宗教的信仰的平安感は、法律的保護の対象としては適当ではない、としなければならない（そして、このような性質の平安感と区別する意味をもつものとして法律的安全感という表現を用いることも理由なしとしない）。脅迫罪における恐怖心の性質について検討する手がかりとなるものは、脅迫罪における加害の対象が生命、身体、自由、名誉又は財産に規定せられていることである。これらの法益はわれわれが社会生活を営むに当つての保障せらるべき基本的根本的な法益である。これらに加害するとする通告によつて生ずる恐怖心は共同生活ないし社会生活における平常の安全感を侵害するものである、といつてよかろう。かくして、私は、脅迫罪における保護法益を、単的に、社会生活における生活の安全感それ自体である、と考えるものである。生活の安全感が侵害せられることによつて、「夜もおちおち眠れない」「うつかり外出もできない」といつたように行動の自由が侵害せられることにもなろう。従つて、脅迫罪は、間接的結果的には、その侵害が単に「意思の自由」に限定せられないのである。しかも、それが、強制罪（刑二二三）等を構成しないものがあることを注意すべきであろう。例えば、「お前の外出している間にあきすに入つてやる」と通告を受けた者は、不安にかられ、うつかり外出もできないということになろう。しかし、直接意思決定の自由ないし行為の自由を拘束したと云い得ないのであり従つて、強制罪の「行うべき権利を妨害した」という構成要件に該当するとなし得ないであろう。

われわれは本罪をいわゆる実害犯とせず危険犯とする。脅迫行為の可罰性は客観的危険の程度において認められる。以下、判例について検討をしよう。

（二）脅迫罪の成立する事例

(1) 現実に畏怖心を生ずる要はない

【4】（判決理由）「苟も他人を畏怖せしむる目的を以て同人の名誉に対する害悪の通知を為したる事実ある以上は、之に依り現実其の他人に畏怖心を生ぜしめたると否とを問わず脅迫罪成立するものとす。原判決の証拠に依りて認定せる事実に依れば被告人等は玉田源太郎を議長とする岐阜市会が上水道通水功労金名義の下に公金三万五千円を分配せんとする企ある旨の新聞記事を見るや、右市会の措置を不当なりとし、右源太郎に対し前記金員の分配には絶対反対なると共に議長の再考を促す旨の記載ある岐阜自治擁護団名義の決議書と表面に利権院公金分配偽長居士俗名公金源太郎裏面に昭和八年四月兇月死会と各墨書せる白木製位牌を交付し以て該決議書の趣旨に従わざれば同人をして其の議長並議員の職を去るの已むなきに至らしめて其の名誉に害を加うべき旨を通告し以て右公金の分配を中止又は延期せしめんことを企て判示日時場所に於て源太郎の内縁の妻乙を介し右決議書及び位牌を源太郎に交付し以て決議書記載の趣旨に従はざれば前記の如く其の名誉に害を加ふべき旨を通告したることを認むべく、右は被告人等が玉田源太郎を畏怖せしむる目的を以て之に畏怖せしむるに足る同人の名誉に対する害悪の通告をなし以て右公金の分配を中止又は延期せしめんことを企図したるものなること疑なく、其の脅迫罪を構成すること洵に明白にして右の如き害悪の通告に依り源太郎に畏怖の念を生せしめたりや否やは本罪の成立に消長を来すものに非ず」（大判昭八・一一・二〇刑集一二・二〇五二）。

(2) 被通告者において、通告された害悪が真実に発生するものと信じたか否か、また現実に畏怖の念を生じたか否かは犯罪の成否に消長はない

【5】（判決理由）「巡査に対し取締を厳重にするならば爆発物にて一家を鏖殺する旨の書面を送致するは、本人及び親族の生命に対し害を加ふべきことを以て之を告知するものにして、其告知は一般的に人の平和の感覚を侵害するものにして畏怖の念を生せしむべき性質を具有す。故に其行為は脅迫罪を構成するものとす。告

知を受けたる者が告知せられたる害悪が真実に発生するものと信じたると否と、現実に畏怖の念を生じたると否とは該犯罪の成否に消長なし」（大判大五・五・一五刑録二二・七四〇二）。

(3)　害悪の到来を条件付とした場合にも、畏怖の念を生ぜしめる可能性のあるときには本罪が成立する。

【6】（判決理由）「被告は住職亡湛道の妻にして湛道の死後其の遺子忠道の成長を竢て後継住職たらしめんと欲し、檀徒法類に於ても亦大体同意を表し居りたる処其後住職は他より招致することに変更せられ、時の兼務住職木村祖導より後任住職は他より招致するに付同時の明渡を要求せらるるや、被告は大に祖導の処置を怨み、玆に祖導に対し論旨に掲くるが如き記載をなしたる端書を郵送して之を脅迫したるものにかかわり、其通告せる害悪は条件付にして、詳言すれば祖導が其の住職の事務を執ることを条件とするも、元来告知する害悪の到来を条件付とすることは脅迫罪の場合に於て屢々見る所の状態にして本件の条件は前に掲ぐるが如き境遇に在る被通告者をして畏怖の念を生ぜしむる可能性を有するを以て、所論木村祖導が後任住職たることが当該宗務機関において確定若は内定せると否とを問わず、被告の行為は脅迫罪を構成するに欠くる所なきものとす」（大判大一一・四・二五刑集一・三〇六）。

以上三事例は各々の本罪の成立に実害を必要としないとする点において共通する。すなわち「畏怖せしむる目的を以て之に畏怖せしむるに足る名誉に対する害悪を通告」「畏怖の念を生ぜしむべき性質」「本件の条件は前に掲ぐるが如き境遇に在る被通告者をして畏怖の念を生ぜしむる可能性を有するを以て」等、要するに実害発生の危険性において犯罪の成立を肯定する。

脅迫はすでに前述したように警告ないし、「いやがらせ」と区別される。害悪実現の具体性ないし現実性が両者を区別する。勿論、害悪実現の具体性と畏怖の念を生ぜしむる可能性とは理論的には区別せられなければならないところである。また、実際においても害悪実現の可能性ある害悪の通告があったとしても必ずしも現実に畏怖の念を生ずるとも限らない。しかし、一般的考察としては害悪実現の具体性において畏怖の念を生ぜしめる可能性を考えることができる。以上のようなことを考慮して、本罪を危険犯とするとしても具体的危険犯とすることが妥当と思われる。

要するに、本罪にあっての脅迫は以上説明の通りであるが強要罪においては脅迫により現実に相手方を恐怖せしめる必要がある。ここに両罪を区別するメルクマールがある。

(4)　第三者の加害の通告によって本罪が成立する事例

【7】（判決理由）「他人の名誉等に害を加ふべき旨を通告して之を畏怖せしめたる場合は仮令通告者自身害を加ふるの能力なしと雖、第三者をして害を加えしめ得べきときは脅迫罪を構成すべきこと勿論なり。本件に於て被告が所論二通の薬書を中野了義に郵送したるは畢竟、多衆の力に依り又は大谷派法主を動かして中野了義を三条教務所長兼輪番の地位より去らしむべしとの通告に外ならざるを以て、縦令被告自ら同人をして其の地位を斥かしむるの権限なしとするも叙上の理由に依り同人の名誉に対し害を加ふべきことを以て同人を脅迫したるものと謂ふべし」（大判昭一〇・六・二四刑集一四・七二八）。

(5)　現実自己がそのような地位にあるか否か、害悪の実現が可能であるか否かを問わない。

【8】（判決理由）「原判決の認定したる事実は論旨所掲の如くにして之に依れば所論の如く被告人が単に第三者の意思のみによる害悪を告知したるものに非ずして被告人が第三者をして害悪行為を為さしむる旨を告知したるものなること明かなり。而して第三者の行為に因る害悪の告知により脅迫罪の成立する場合に於ては自己が第三者の害悪行為の決意に対し影響を与え得る地位に在ることを相手方に知らしむるを以て足り現実自己が右の如き地位に在ると否と害悪の実現可能なると否とは之を問わざるものと解するを相当と為す

が故に、既に被告人が原判示の如く「自分は国粋会の顧問をし地方に相当名を売つて居る、県庁にも知人が沢山居りお前の夫の首を馘る位は訳はない」と告げ、被告人が第三者を利用して害悪を生せしめ得る地位に在ることを相手方に告知したる以上は叙上の理由に依り脅迫罪の成立するや勿論なり」（大判昭一〇・一一・二二刑集一四・一二〇二）。

右の判例の趣意は上告論旨を参照することにより一層明白になる。そこで上告論旨の要点を記すことにする。曰く、被通告者の夫に対し加えられるとする害悪は、通告者たる被告本人が為すというのではない。被告の知人である県庁の知人、即ち第三者が害悪を加えると通告したのである。第三者が通告者と特殊の関係にあり、通告者が第三者の意思決定に影響を与え得る関係にあることを知らした場合には脅迫罪の成立することは肯定されるが、単に県庁の知人を以て首を馘ると云うような純粋に第三者の意思のみに因る害悪を説くのは犯罪にはならない。本件の場合、県庁に居る知人と云うのみで、被通告者の夫の任地である香川県庁とも被告人の居る岡山県庁とも明示していない。特に香川県庁を指示したと見るべき特殊の事情が存しない限り被告の居る岡山県庁を指したと見るのが至当である。以上からみて、脅迫者たる被告の通告の害悪には被告の意思に基因しての実現性は絶無と云うべきである。脅迫罪に問擬したのは誤判である。

前掲の判決理由は以上の論旨に答えたものである。判決の見解は要するに、客観的に第三者を動かし得なくても、また、従つて害悪の実現は不可能であつても、第三者を動かし得る如く通知することによつて犯罪が成立するに充分であるとするのである。

この判例に対しては諸家の批評があつた。滝川幸辰博士「第三者の行為による脅迫罪」（法と経済五巻三号一〇八頁以下）、木村亀二博士「第三者の行為に因る害悪の告知と脅迫罪の成立」（法学志林三八巻四号九三頁以下）、草野豹一郎博士「第三者の行為に因る脅迫罪」（刑事判例研究三巻三〇六頁以下）等である。筆者はなお、判例には検討を要するものがあると考える。即ち、「第三者を利用して害悪を生ぜしめ得る地位に在ることの告知」を以て本罪の成立要件として充分であるとしても、害悪を生ぜしめ得る具体性がやはり問題である。客観的にかかる地位に在ることは判例の示す如く必要ではないが、一般的にみて第三者を利用し得ることを相手方に信じさせるに足る（現実に相手が信ずるか否かは問題でない）通告でなければならないと思われるのである。要するに、たんなる「いやがらせ」と脅迫との区別は常に留意しなければならないと思うのである。即ち、他の判例における判決要旨である「他人を畏怖せしめる意思を以てした害悪の通告の内容が客観的に人を畏怖せしめるに足るものである以上、脅迫罪が成立する。」（広島高松江支判昭二五・一二・二九高刑特報一三・一四二）とする見解を以て妥当と解するものである。しかし、なお客観的に人を畏怖せしめるに足るか否かの事実認定に関しては問題が残るものがある。次の判例はそのことを例示するものがある。

【9】（判決理由）「証人甲女の供述記載によれば、甲女と被告人とは顔見知りの程度に過ぎず、一度話したことがあるだけでさして懇意の間柄ではないことを認めることができる。そのような間柄に過ぎない同女に対し、被告人は共産党提唱にかかる米子市会リコール運動署名方を依頼したが、同女が拒絶したので判示のような言辞（「覚えていらつしやい、貴女のような人は、人民政府が出来たら真先に絞首台に上げてやる」）を弄したのであるから、決して弁護人所論のような冗談または単純な「いやがらせ」程度のものであるとか、または所論警察犯処罰令違反程度のものであるとかいいえない。（中略）叙上のような間柄にある被告人が甲女に対して叙上のような経緯のもとに同女を畏怖せしめる意思をもつて判示のような言辞を弄した以上、これは客

観的に人を畏怖せしめるに足るものであることは容易に肯認し得るところである。なるほど弁護人の指摘するように原審第二回公判調書中証人甲女の供述として「人が聞いて恐ろしいという感じは起らないと思つた」「Oさん（被告人）がいわれた位で恐れる人はないと思つた」との記載はあるけれども、これは単なる同証人の主観的な判断を述べたに止まり何等右見解を左右するものではない」（広島高松江支判昭二五・一一・二九高刑特報一三・一四二）。

筆者は上記のような言辞が客観的に人を畏怖せしめるに足るとする判示には賛成できない。

(6) 村八分の成立する事例

【10】（上告理由）弁護人上告趣意書第一点

「原判決は本件公訴事実に対し脅迫罪成立するものとなし刑法第二二二条を適用処断したり。然れども吾人は他人に対し交際を強要すべき権利を有せざるを以て偶々他人に対し従来継続したる交際を謝絶したりとするも之が為めに其人の権利を侵害し名誉を損じたるものと謂うべからず。これ一個人たると将た一定地域内に団結する多数住民たるとによりて差異あることなし。本件判示事実によれば、被告等は甲乙に対し区民一同と共に右両名と絶交すべき決議を為し之を通告したりと言ふに在りと雖も前述の如く交際を強要すべき権利なき以上は之が交際を謝絶せられたりとて何等権利の侵害あることなけん。即ち、被通告者は自由に他人に交際を求め得べく、又、自由に社会に活動し得べきなり。尤も明治四四年（れ）一四七七号御院判例によれば本件も亦脅迫罪成立すべきの感なきにあらずと雖も、本件被告等の所為は、決して被通告者をして社交団体の外に排斥し又は其人格を蔑如し名誉を害せんとしたるものにあらず。記録に明かなる如く通告者たる被告等は区民一同不文の約束を履行したるに止まり被通告者たる前記両名は寧ろ必然たる予期の結果を招きたるに過ぎざりしものにして此間何等被通告者をして畏怖せしめんとするの害悪的意味を包含せられざりしことは極めて明白なる事実なりとす。左れば本件は客観的犯罪の構成要件を欠如するものなるに拘わらず原判決は之を脅迫罪に擬し被告等を処断したるは法律の解釈を誤り延て之を不当に適用したる不法あるものとす。」

（判決理由）「共同生活を以て其常態とする所の人類は互に相往来し吉凶相弔ひ緩急相救うの必要を感ずる

を以て其隣佑多衆より絶交せられたる者は社交上全然孤立し其生活状態が安固を欠くに因りて大に苦痛を感ずべきは論を竢たず。故に多衆が共同して為したる絶交の通告は被絶交者をして畏怖の念を生ぜしむべき害悪の告知たる性質を有するは毫も疑を容れず。然り而して多数共同の絶交は被絶交者の生命、身体、財産に対して危害を及ぼすものにあらざるを以て絶交の通告が是等の法益に対する害悪の通告として脅迫罪を成立せしむることなきは敢て説明を要せざる所なりと雖も、絶交は絶交者が被絶交者に背徳の行為ありとし又は其品性の下劣なるを理由とし被絶交者を其交際圏外に排斥するものなれば、被絶交者の人格を傷け其名誉を害するの虞なしとせず。従て絶交の通知は我刑法第二二二条に所謂他人の名誉に害を加ふべきことを以て之を脅迫したるものとして脅迫罪を成立せしむるものなりや否や。蓋し脅迫罪は加害者の加えんとする害悪が夫れ自体に刑法の犯罪を構成する場合に於て成立するものにして其加えんとする害悪が適法行為又は放任行為に属し、法律に於て之を罰せざるものなるときは其害悪を加えんと威嚇する加害者の行為も亦脅迫罪を構成することなきは多数立法例に於て之を認むる所なりと雖も現行刑法は脅迫罪の構成要件として通告せられたる害悪が犯罪を構成すべきものなることを要求せざるを以て、苟くも相手方の名誉其他の法益に対する害悪の通告ありて其通告が相手方をして畏怖の念を生ぜしむべきものなるときは、通告者の行為は安寧を害するの故を以て脅迫罪を構成すべく、通告に係る害悪が其実現に因りて犯罪となるべきものなるや否やは之を問うの必要なきものと解せざるべからず。従て、多衆が共同して為したる絶交の通告は人の名誉に対する害悪の通告に因りて之をして畏怖の念を生ぜしむるものなれば、脅迫罪を構成すべき害悪の通告たるに妨げなきものとす。是れ当院判例の示す所なり。然れども多衆が共同して為したる絶交は縦し被絶交者の人格を傷け之をして畏怖の念を生ぜしむるものとするも、刑法第三四章に規定する名誉毀損罪を構成せざるを以て其通告は、常に必ずしも脅迫罪を成立せしむるものにあらずして通告せられたる絶交が違法性を有する場合に限り該犯罪を構成するものとす。蓋し、絶交は実際上、種々なる事情の下に行われ其原因も亦区区にして一定せずして背徳の行為又は破廉恥の行為に対する社交上道徳上の制裁として一般に認めらるる所なれば、多衆共同の絶交が正当なる道義上の観念に出て被絶交者が其非行に因り自ら招きたるものなるときは之に対して救済を与ふるの必要なく絶交者が之に因りて被絶交者をして義務なきことを行わしめ又は行ふべき権利を妨害したる場合、又は、其絶交が正当の理由なきときは茲に初めて違法性を有することとなるを以て、之を被絶交者に通告したる絶交者の行為は脅迫罪を構成するものとす。(以下略)」(大判大二・一一・二九 刑録一九・一三四九)。

右判例は数ある絶交通告事件、いわゆる村八分に関する事件の判例中代表的のものであり、犯罪の成立する場合と成立を認められない場合の法理をも示して委曲を尽したものがある。しかし、なお若干考察を要すべきものがある。判例は共同絶交の通告を被絶交者の人格を傷け其名誉を害する虞あるものとしつつも、名誉毀損罪を構成しないものとする。ところで、次に示す判例は名誉毀損罪を構成するとの見解を判示する。ところで、一方上記の判例は通告せられた絶交が違法性を有する場合に限り犯罪が成立するのであり、被絶交者の側に非行があり道義上社交上の制裁として絶交さるるも当然と認められるときは違法性がない、とする。ここでは共同絶交そのものの適法違法がそのままに共同絶交の通告の適法違法と考えられる。ところで、絶交の通告が名誉に関する侵害とすれば、名誉の保護は事実の真否を問わないのが本来の趣旨としなければならないのである。共同絶交そのものの適法違法の問題はむしろ被通告者の社会生活それ自体の問題である。このような思考においては共同絶交の通告が脅迫罪を構成する理由は名誉の侵害とするよりもむしろ、自由の侵害とすべきではないであろうか。判例の底流にある思想はこのように考えて一貫するものがあると思われる。すなわち、その冒頭において、「共同生活を以て其常然とする所の人類は互に相往来し――絶交せられたる者は社交上全然孤立し其生活状態が安固を欠くに因りて大に苦痛を感すべきは論を俟たす」と述べるのであるし、「然り而して多数共同の絶交は被絶交者の生命、身体、財産に対して危害を及ぼすものにあらざるを以て」とし、ここでは自由を被害法益の中に加えているかに思われるのである。

とにかく、委曲の論を展開し乍らも透明でないものがある上記判例に比し次の判例は明快である。

【11】（判決理由）「一定の地域に共同生活を為せる住民の多数が相結束して正当の理由なきに拘らず特定の住民に対して将来一切の交際を杜絶すべき旨、即ち、所謂「村八分」と為すべき旨決議するが如きは該特定人の人格を蔑視し、共同生活に適せざる一種の劣等者を以て待遇せんとするものなれば、個人の享有する名誉を侵害する結果を生すべきものなるを以て右決議が名誉毀損の結果を生するは勿論又右決議を通告するは将来引続き相手方に対し不名誉の待遇を為さんとする害悪を告知せるものに外ならずして相手方を畏怖せしむるに足るを以て脅迫罪の成立を認むべきこと亦勿論なりとす。本件判示事実は被告人は何等共同して絶交すべき正当の理由なきに拘らず判示桜町町民をして甲と絶交せしめて同人を畏怖せしめんことを図り同町民大会の席上に於て右甲を所謂町内八分として町民との交際を絶ち同人の名誉に対する害悪を加へんことを提唱し、因て多数町民と共に右甲を町内八分となす決議を為したる上、之を同人に通告せしめたりと謂うに在るが故に右事実は刑法第二二二条第一項の脅迫罪に該当すること論を俟たず。而して右町内八分と為す決議を為し之を通告せることが所論の如く甲の名誉を毀損したりとするも名誉毀損罪は告訴を待て之を論すべき親告罪に属し被害者の告訴なき本件に於ては同罪に問擬し得ざること勿論にして然も之が為めに脅迫罪の成立を妨げざること前段説明の如くなるを以て論旨は毫も其の理由なし」（大判昭九・三・五刑集一三・二一三）。

筆者は、しかし、いわゆる村八分において脅迫罪の成立する所以を社会生活の侵害、刑法二二二条の列挙する法益の中の自由に対する加害の通告と解するものであることを一言する。次の判例は少くともその一部において筆者の見解と同じものがある。

⑺　人の自由を抑圧し名誉を蔑如する、とするもの

【12】（判決理由）（前略）「一定の地域における住民は相互扶助を以て共同生活の本義と為し平素互に相往来し、吉凶相弔ひ緩急相救ふの必要あるを以て其の隣佑多衆より土地の貸与、人夫の提供其の他一切の交歓を為さす且又、公職を辞せしめ業務を妨害する決議を為すが如きは、相手方をして社交上孤立に陥れ生活の安固を脅かすに至るべく人を畏怖せしむべき害悪の告知たること言を俟たす。然り而して原判示によれば被害者たる甲においては三菱商事株式会社と叙上契約書に関し被告人等と意見を異にし之に捺印を肯せざりしと云ふに止まり他に何等責むべき背徳の行為あるを認めず。斯る場合に於て多衆の威力を示して人を畏怖せしむべき叙上の決議を為すが如きは、公序良俗に反し人の自由を抑圧し名誉を蔑如するものにして其の決議の内容に違法性を帯有すること更に絮説を要せず（以下略）」（大判昭一〇・一〇・二五刑集一四・一〇〇五）。

⑻　権利実行の範囲をこえたものは脅迫罪を構成する

【13】（判決理由）「誣告を受けた者が真に誣告罪の告訴を為す意思なきに拘わらず、誣告者を畏怖せしむる目的を以て之に対し該告訴を為す可き旨の通知を為したりとすれば固より権利実行の範囲を超脱したる行為なるを以て脅迫の罪を構成す可きは疑を容れず（下略）」（大判大三・一二・一刑録二〇・二三〇三）。

権利の行使と犯罪の成立の関係は一般に、権利濫用の法理に基づき、或いは権利行使の名の下に犯罪を行うものとして犯罪の成立を認めることは周知のところである。ただ、本罪の成立については若干の検討を要しよう。犯罪の告訴は生命、身体、自由、名誉、又は財産の何れに対する加害通告であろうか。告訴すると通告された犯罪の法定刑に依つてそれぞれの法益と考えるべきか、また、それは更に常に名誉に対する加害と考えられるのであるか。次に、脅迫罪における保護法益は法的安全感そ

れ自体とされるのであるが、犯罪行為者には告訴によつて侵害せられる法的安全感が認め得られるであろうか。われわれは、正当なる告訴権の行使にあつてはたとえ相手がこれによつて畏怖するとしてもこれを法安全感の侵害とはなし得ないが、不当なる権利行使に対してはなお、保護せらるべきであるとしなければなるまい。

二　強要罪（刑二二三）における脅迫の概念

（一）　脅迫の概念

強要罪が成立するためには被脅迫者が現実に畏怖心を生ずることを必要とする。ここに脅迫罪（刑二二二）と異なる要件が見られるのであり、このことからまた、本罪における脅迫は相手方に畏怖心を生ぜしめることを要件とする脅迫であるとして特に区別する見解がある（木村・新法学全集刑法各論五八頁）。相手方に畏怖心を生ずるのでなければ本罪の脅迫ではない、すなわち、本罪の構成要件たる脅迫に当らないとすべきであるか、それとも、畏怖心を生ぜしめるか否かは脅迫の結果の問題であり、それは犯罪の成立に関係するが脅迫自体の概念に関係しない、とすべきであるか。ここに一つの問題点がある。思うに、脅迫は加害の通告であるところに、その本質が求められるとすれば、通告の結果は脅迫自体の概念には包含されないのであつて、結局犯罪の成立の問題である。筆者は以上のように考えて、本罪における脅迫の概念は脅迫罪における脅迫と同様である、とするものである。殊に、本罪には未遂罪が罰せられるのであり、畏怖心を生ずることを本罪における脅迫の特別の概念とすることは疑問としなければならない。

（一）強要罪の成立する事例

(1)「罪におとしてやる」というのは害悪の告知である

【14】（事実）　昭和二六年三月二一日頃、旭川市七条通り八丁目甲方において乙に対し、被告人は同人が同年一月二〇日頃、窃盗被疑者として旭川市警察署で取調を受けた事についていんねんをつけ「お前が俺のことを事件にしたんだろう、俺が今度お前をやつつけてやる、無実の事でも証人を五人程こしらいてお前の言つたことでも言わないことでも、その証人が事実であるとふんばつたら、とおるんだから、お前を罪におとしてやる、それだから今ここで俺の言うことを聞き妥協して警察へ出す俺のための歎願書を書け」との趣旨のことを申向けて脅迫し、同人を畏怖させ、同市八条通七丁目の被告人方に連れて行き、同所で旭川市警察署長宛の被告人に対する歎願書一通を作成させ、義務のないことを行わしめた。

右事実に対し原審は本罪に該当するとして被告人を懲役六月に処した。

〔弁護人の控訴趣意〕

第一点　刑法第二二三条第一項の強要罪は相手方に害悪の通告をして脅迫するを要し、其害悪通告の方法は生命、身体、自由、名誉、財産に対し害を加うべきことを以てするのでなければならん。刑法第二二二条第二二三条が同法第二三六条第二四九条と比較し害悪の客体に制限あることに注意しなければならん。原判決の認定した脅迫事実は「お前が俺のことを事件にしたんだろう、俺が今度お前をやつつけてやる、無実の事でも証人を五人程こしらえてお前の言つた事でも言わない事でもその証人が事実であるとふんばつたら通るんだからお前を罪におとしてやる」と謂うにある。右は生命身体自由名誉財産に対し害を加うる法定要件に該当する所以を諒解せしめないのである。否それは毫も法定要件に該当しない事柄である。若し之れを強いて法定要件なりとせんか濫りに裁判により罪種を拡張することとなり罪刑法定主義の鉄則を侵しやがて憲法第三一条違反の裁判となるのである。

第二点一、（略）　二、原判決挙示の「云々罪にしてやる」ことは自ら手を下して其れを為し得るところでなく冷静公平なる検察裁判の正義の審査機関にあらざれば為し得ないのである。其「罪にしてやろう」としても検察裁判の審査を経れば加害とならざること明瞭であるのに之れを脅迫の価値ありとなすは一般常識を以て解し得ないのである。故に右は害悪通告たる適格無く、之れなきところ強要罪あるを得ないのである。右の如き放言は往昔封建専制の乱世の検察裁判には権力が濫用されたから脅迫となる材料であつたかも知らんが現時精練された検察裁判の世に脅迫の資として恐るるが如きは非常識なるのみならず検察の威信と裁判の尊厳を冒瀆するものである。第三点（前略）「お前を入れてやる」などの如く唯漫然たる言語にして具体的事実を指さざるものは脅迫の対象とならんのである。右の言語は乱暴無礼であるが、聞く者に取り不愉快であるだけで脅迫として迫る圧力を感ぜぬからである。（第四点以下略）

（判決理由）「原判示「云々、お前を罪におとしてやる。」旨の告知は、被害者の身体、自由、名誉又は財産に対し為されたものであるから、刑法第二二三条第一項所定の害悪告知の対象と符合するばかりでなく、刑罰は一般に人の恐るるところで、特に裁判検察の実情に通じていない者に対して、原判決摘示のような事実を告知するのは一般的に見て、人をして畏怖の念を生ぜしむるに足り、これを以て害悪の告知というに妨げなく、又強要罪における脅迫の内容は、人をして畏怖の念を生ぜしむる程度に具体的であれば足りるのであつて、「云々お前を罪におとしてやる。」というのはかかる意味において、人を畏怖させるに足る具体的事実であるといわねばならないから、論旨はいずれも採容に由ない」（札幌高判昭二七・一・三一二六刑集五・一・）。

(2) 不利益事項の新聞紙掲載通告は名誉財産に対する加害の脅迫となる

【15】（判決理由）「刑法第二二三条第一項の罪は同条所定の脅迫又は暴行を手段として人をして義務なきことを行わしめ又は行うべき権利を妨害したる場合にして其の対象となるべきものは人の自由に対する侵害を保護するに在りて同法第二三六条の対象が財産権に対する侵害を保護すると其の趣を異にすること更に論を俟たざる所なり。而して新聞記者が料理店営業者に対し俺達に手向ひして此の商売が遣つて行けると思う

かと申聞け、若し料理店営業者が其の意思に逆ふに於ては同人者は其の経営する料理店に関し不利益なる事項を自己の新聞に掲載すべきことを告くるは即ち名誉及財産に対し害を加ふべきことを以て脅迫したるものにして、因て同人をして告訴を為すことを中止せしめたるは即ちその行ふべき権利を妨害したるものに外ならず」（大判昭七・七・二〇刑集一一・一一〇四）。

(3)　他人の為した暴行脅迫の結果に乗じ、それを利用した場合

【16】（判決理由）（前略）「社長排斥の同会社重役を説得して其の意思を翻へしめんことを決意し、右三月一日午前九時半頃自宅を出て右会社に赴きたるところ、同会社内株主総会場に定められたる会議室内及室外廊下において多衆の為同会社取締役四名が暴行又は脅迫を受け恐怖し居るのみならず、其の多衆が被告人甲に追随し若右四名の取締役が被告人の言を聴かざれば其の多衆が如何なる暴行を為すやも計り難き情勢なるを利用し、相被告人乙と共に犯意継続の上右四名の取締役に強要し同所又は同会社々長室に於て右四名に順次「爾後社長と提携し、マッチ工業の発展に努むべき旨」の誓約書を認めしめ以て同人等をして義務なきことを行わしめたるものなれば、被告人は刑法第二二三条第一項所定の罪責を免れず。蓋し被告人は前記の如く多衆の為したる暴行脅迫の結果に乗じ且又被告人の言を聴かざれば其の多衆が如何なる暴行をも為すやも計り難き情勢即ち脅迫状態を利用し人をして義務なきことを行わしめたるものなればなり」（大判昭九・一〇・二九刑集一三・一四〇二）。

判例は「其の多衆が被告人甲に追随し若右四名の取締役が被告人の言を聴かざれば其の多衆が如何なる暴行を為すやも計り難き情勢を利用し」と表現しているのであるが、犯罪成立の理論構成においては今少し言及するところがあつて相当である。他人の暴行脅迫を利用するのであるからそれは第三者の行為による脅迫であるとしなければならない。そうであるとすれば、加害通告者は第三者の加害意思に影響し得ることを何らかの方法であれ、通告する必要がある。他人の為し居る脅迫状態を利用

するにしてもその利用の仕方如何が問題である。単にそれに便乗したといつた事情においては、犯罪の成立は疑問としなければならない。

三　公務執行妨害罪（刑九五）における脅迫の概念

（一）概　説

公務執行妨害罪における暴行は、人（公務員）の身体に加えられることを要しないのであり、直接たると間接たるとを問わず人に対し加えられる有形力を意味する。これと対応して本罪における脅迫の概念自体に何らかの特色がみられるであろうか。例えば、特別に加害的言辞はないとしても、身辺の物を刀で切りつけるとか、ピストルを威嚇的に発射するなどは無言ではあつても、態度による脅迫である。しかし、これは脅迫の態様であつて、脅迫の概念における特性ではない。本罪における脅迫の概念は最広義の脅迫であるとされる。すなわち、その内容においても性質、程度においても何ら制限せられるものはない。ただ、脅迫が公務員の公務執行に対しなされる場合にのみ本罪の脅迫が問題とされるのであるが、それは、本罪の成立の要件の問題であつて、脅迫自体の概念とは別個のものとしなければならない。

（二）本罪の脅迫にあたる事例

【17】（判決要旨）　被告人が、司法巡査から被疑者として取調を受けるにあたり、同巡査に対し、「お前を恨んで居る者は俺丈けじやない、何人居るか判らない。駐在所にダイナマイトを仕掛けて爆発させ貴男を殺すと云うて居る者もある。」「俺の仲間は沢山居つてそいつらも君をやつつけるのだと相当意気込んで居る。」

と申し向けた行為は、脅迫行為にあたる。

以上の要旨は事実の要点をなすので、これを事実の説明として用いることにする。これに対しての弁護人の上告趣旨は次の通りである。

（上告趣旨）　原判決によれば本件脅迫行為に於て害悪の通告内容は「お前を恨んで居る者は俺丈けじゃない。何人居るか判らない。駐在所にダイナマイトを仕掛けて爆発させ貴男を殺すと云うて居る者もある」「俺の仲間は沢山居つてそいつ等も君をやつつけるのだと相当意気込んで居る」というのである。これによれば本件被告人は相手方に対し、被告人「自ら」害悪を加うべきことを通知したものではなく「第三者に害を加えられるであろう」ことを「警告」した場合か、或は雑談中世間の風評（好ましからざる）を伝え、単に「いやがらせ」を云つた程度である。従つて吉凶禍福を説くのと同列である。

刑法第九五条公務執行妨害罪に於て「脅迫ヲ加ヘタル者」とは「生命、身体、自由、名誉、財産ニ対シ」「害ヲ加フ可キコトヲ」通告した場合例えば「妻の姦通事実を公表すべき旨」を夫に通告した場合、「巡査ニ対シ取締ヲ厳重ニスルナラバ爆発物ニテ一家ヲ鏖殺スル旨ノ書面ヲ送致」した場合等、「何々をする」と通告した場合である。その他従来の判例に依れば斯様に「自ラ」「害悪ヲ加フ可キコトヲ通告」した場合であり、「第三者ノ行為ニ因ル害悪ヲ告知シテ人ヲ脅迫スル」場合に於ては「自己が第三者ノ決意ニ対シ影響ヲ与ヘ得ル地位ニ在ルコトヲ相手方ニ知ラシムル」を要する。例えば「自分ハ国粋会ノ顧問ヲシ、地方ニ相当名ヲ売ツテ居ル、県庁ニモ知人ガ沢山居リ、オ前ノ夫ノ首ヲ馘ル位ハ訳ハナイ」と告げ被告人が第三者を利用して害悪を生ぜしめ得る地位に在ることを相手方に告知した場合にのみ脅迫が成立する。このように従来の判例に於ては「行為者の左右し得べき害悪を加うることを告知するに於て他人を畏怖せしめる行為」を脅迫の構成要件とし、本件の如く単に「第三者に害を加えられるであろう」ことを「警告」し、否もつと単純な「いやがらせ」を云つた程度では脅迫を内容とする犯罪が成立せず、刑法第九五条の適用をみないのである。……（最判昭二七・

七・二五刑集六・七・一四五）。

これを要するに弁護人の主張は被告の言辞は単なる「いやがらせ」にすぎない、脅迫とするに当らない、ということであつて、従つて、仮に脅迫であつたとしてもそれが直ちに公務執行の妨害たるものであつたか、どうかについては論ずるところがない。そこで判決理由も弁護人の主張に対し、それが脅迫に当るものであるとの判断を示して問題に答えているのである。

（判決理由）「弁護人の上告趣旨は、判例違反を主張するけれども所論本件脅迫行為の内容は「お前を恨んで居る者は俺丈けじやない。何人居るか判らない。駐在所にダイナマイトを仕掛けて爆発させ貴男を殺すと云うて居る者もある」「俺の仲間は沢山居つてそいつ等も君をやつつけるのだと相当意気込んで居る」というのであるから、所論のように単に第三者に害悪を加えられるであろうことの警告、もしくは単純ないやがらせということはできない。むしろ被告人自ら加うべき害悪の告知、もしくは第三者の行為に因る害悪の告知にあたり被告人がその第三者の決意に対して影響を与え得る地位に在ることを相手方に知らしめた場合というべく、所論の判例は本件に適切でないか、もしくは原判決判示は所論判例の趣旨に添うものといわねばならない」（最判昭二七・七・二五刑集六・七・一四五）。

ところで本罪は抽象的危険犯であるか、具体的危険犯であるか、それとも実害犯であるかについては、従つて、本罪における暴行脅迫が抽象的危険の程度を以て足るか否かについて、尚検討すべきものがあろう。まず脅迫は公務員がその職務を執行するにあたつて加えられることを要するのであり、執行を予想した脅迫は本罪（九五条一項）を構成しない（小野・新訂刑法講義各論一九頁）。そこで執行の着手から完遂までの過程における脅迫による妨害が問題となる。妨害されたけれども執行は完遂された場合と妨害によつて完遂されなかつた場合を考える。例えば、逮捕しようとした公務員に対し脅迫が加えられたが、公務員はそれにひるまず逮捕した場合と公務員が畏怖心のために逮捕できなかつた場合とを分ける。後の事例について、妨害罪が成立することは問題がない。前の事例において、はたして公務の執行が妨害されたのか、否か問題となる。これに対し「暴行又は脅迫の行為があれば十分で、その結果職務の執行が妨害されたことを必要としない。しかし、その暴行又は脅迫は、それによつて職務の執行が妨害される虞のあるものであることを必要とするであろう。その意味において一の抽象的危殆犯であると解する。」(小野・前掲書同頁)という見解がある。

思うに「妨害」ということをどのように解するか、すなわち、不完遂の結果と解するか、または、執行行為自体が円滑に行われなかつたことと解するか、に依つて見解が分れる。完全に妨害されて職務が完遂を見るに至らなかつた事実を「妨害」と解する場合には、小野博士の如く抽象的危殆犯と解する主張が生れることになるが、暴行脅迫を加えること自体が妨害行為であると解すればむしろ実害犯と見るべきではないであろうか。執行の不完遂を妨害と見る立場からは、むしろ、具体的危険犯とすることが妥当ではないであろうか。判例の検討に移ることにしよう。

(1)　職務執行を妨害するの結果を生せしむることを要しない

【18】　(判決理由)　「刑法第九五条第一項の罪の成立するには公務員が職務を執行する場合なることを認識し之に対して故意に職務執行を妨害すべき暴行脅迫を加ふるを以て足り職務執行を妨害するの結果を生ぜし

むることを必要とせずと雖も原判決に於て既に公務員の職務執行中なることを認識したるに拘らず之に対して故意に職務の執行を妨害すべき暴行脅迫を加え而かも妨害の結果を生ぜしめたる事実を判示しある以上は自ら職務執行を妨害する意思に出てたるものと判示せる趣旨なりと解すべきが故に原判決は理由不備の違法ありと謂ふべからず」（大判大六・一二・二〇刑録二三・一五七二）。

【19】（判決要旨）「刑法第九五条の公務執行妨害罪は公務員が職務を執行するにあたりこれに対して暴行または脅迫を加えたときは直ちに成立するものであつて、その暴行または脅迫はこれにより現実に職務執行妨害の結果が発生したことを必要とするものではなく、妨害となるべきものであれば足りる」（最判昭三三・九・三〇刑集一二・一三・三一五一）。

右判決要旨の事案は直接には投石行為が本罪の暴行に該当するかの問題である。しかし、本罪の性質を述べるものとして注意すべきであると思い、ここに摘示したのである。事実は次の通りである。被告人等は、日本共産党創立三十周年記念文化祭の後、検挙者を生じ一般群集が喚声をあげ殺気立つていたとき、更に集会散会後無許可で示威行進が行われたので警察官の部隊が実力行使によりこれを解散させたとき、検挙又は警備に当つていた警察官に対して、それぞれ投石したものであつて、一人の投げた石はA巡査の耳のあたりをかすめ、他の一人の投げた石はB巡査の鉄兜にあたり、今一人の投げた石はC巡査の臀部に当つたものである。原審は各投石行為は暴行ではあるが、只一回の瞬間的な暴行にすぎない程度のものであり、未だ以て公務執行の妨害となるべきものと思われないとして、単純暴行罪と認定したのであつた。最高裁はこの原審判決を破棄して前記判決要旨を示したのであつた。

ところで、職務執行妨害の結果の発生をどのように理解するかが問題である。執行が円滑に行われない、いわゆる俗に邪魔をされるということを妨害と解すれば、かかる投石行為はまさに妨害に当るとしなければならない。脅迫においては、その被害は畏怖心に因つて職務の執行が妨害されることになるのであるから、公務員が畏怖心を生ずるのでなければ現実の妨害は起らないのであるとも思われるのである。しかし、客観的に見て脅迫が加えられたとするならば、すなわち、仮に、現実には畏怖心を生ずることはなかつたとしてもそれを生ずるに足るものであれば、その行為自体妨害行為であるとしなければならない。換言すれば、妨害行為があつたにも拘わらず職務が遂行せられたというにすぎないのである。さらに換言すれば本罪における暴行脅迫は職務の執行を不可能ならしめる如き強度のものである要はないということである。一般に最広義の暴行脅迫であると云われるゆえんである。このような解釈はいささか被告人に酷であるかに思われるのであるが、しかし、職務執行の適法性の標準が厳格に解される上はあながち一方的に被告人に対し酷にすぎるということはないとしなければならない。

ただ、ここで注意を要すべき問題は、本罪の暴行脅迫が最広義のものであるとしても、それがいかに些細なものである場合でも本罪が成立するか、それ共、「妨害となるべきもの」ないしは、「妨害となるに足るもの」である必要があるかである。判例はこの点を特に明確にはしていないが、しかし、諸事案において暴行脅迫と妨害との関係の相当性を認めるものと云い得る。

(2)　暴行脅迫の程度、妨害との相当性

【20】（判決理由）「公務執行妨害罪は公務員が職務を執行する場合であることを認識しこれに対し故意に職務執行を妨害すべき暴行脅迫を加えるをもつて足り、現に職務執行妨害の結果を生ぜしめたと否とは、同罪の成否に影響はないのである。今本件につきこれをみれば、原判決挙示の証拠を綜合して考量するに、被告人は原判示日時頃、判示場所において、加治木税務所大蔵事務官甲外四名から、焼酎密造現場を発見され、同人等がその職務行為として証拠品差押処分に着手したところ、原審相被告人Yと共謀の上、判示言動をもつて、同人等を脅迫し、よつて同人等をして、所論物件に対する差押処分を、一時中止するのやむなきに至らしめた原審認定通りの事実を認めることができる。さすれば、よしんば、後日に至り、所論の物件に対する差押処分が完了されたとしても、前説示するところにより、本件公務執行妨害罪の成立すること多言を要しない」（福岡高宮崎支判昭二五・五・八）。

【21】（判決理由）「刑法第九五条の罪の暴行脅迫は、これに因り現実に職務執行妨害の結果が発生したことを必要とするものではなく、即ち妨害となるべきものであれば足るのである。本件被告人の行為者は右妨害となるべきものであることは、原判示並びに引用証拠によつて明らかであるから論旨は理由がない」（最判昭二五・一〇・二〇刑集四・一〇・二一一五）。

従つて判例の中で暴行脅迫の程度について、何ら直接に触れるところはないとしても、事案の説明において自らこの問題に言及することとなるのである。

【22】（判決理由）「公務執行妨害罪は公務員の職務を執行するに当り之に対し、暴行脅迫を為すに因り直に成立するものにして（筆者註、暴行脅迫の程度を何ら表明するところがない）、暴行脅迫の為職務の執行が阻止妨害せられたることを必要とするものに非さるのみならず原判決の示すところに依れば被告人等が共同して判示不穏の言詞を絶叫し判示警察署長をして勝次に対する検束処分を継続するに於ては多衆が暴動化し判示駐在所に対し如何なる危害を加ふるに至るやも計り難き畏怖の念を惹起せしめて右検束処分を解くの已

むを得ざるに至らしめたるものにして、被告人等の右言動なかりせば同署長は未た右検束処分を解くに至らざりし状態なりしことを看取し得べく該事実は甲、乙、丙に対する各検事の訊問調書等原判決挙示の証拠に依りて優に之を認むるに足る。……」(大判昭八・八・四新聞三四七五・一一)。

四　騒擾罪(刑一〇六)における脅迫の概念

(一)　概　　説

多衆共同の意思に基づいて為されるものであり、また、それが共同して為される点に本罪における脅迫行為の態様上の特色がある。共同の行為としてなされず、単独個人の意思に因り単独の行為としてなされるものは、当該個人について騒擾罪とは別に犯罪が成立することは特に注意するまでもなかろう。

加害の内容、対象、性質において制限はなく、また、加害の通告の方法、手段、態様等において特に制約されるものはない、また、加害の通告によつて相手方が現実に恐怖心を生ずる要もなく、また、恐怖心の程度を論じない、即ち、最も広い意味における脅迫と解せられている。曰く「人を畏怖させ得るところの一切の行為」(江家・刑法各論八三頁)、「恐怖心を生ぜしめる目的をもつて害悪を通知する一切の場合をいふ」(木村・新刑法読本全訂新版一一九頁)、「人に恐怖感をいだかせるべきあらゆる手段を含む」(宮内・刑法各論講義二〇八頁)。

しかし脅迫の程度については、いささか検討すべきものがある。即ち、団藤重光教授は本罪における脅迫は一地方における公共の平穏を害するに足りる程度であることを要する(団藤・刑法二六四頁、刑法各論一〇六頁)、とされるのであり、また、他に同様の見解がある(例えば福田・刑法各論七一頁、井上・刑法各論一七三頁、青柳・刑法各論一一四頁、小野・刑法講義各論六八頁)。思うに、本罪を抽象的危険犯とするか具体的危険犯とするかによつて、脅迫の程度についても見解が分れることになるであろう。尤も本罪における脅迫の程度を公共の平穏を害するに足る程度と解しても、実際問題としてその程度を何によつて判断するかはいささか明確を欠くものがある。本罪はその性質上、脅迫は暴行と並行して行われるであろうし、従つて、暴行との関連の下に判断されることになろうし、加害の通告が何人に対し、如何なる範囲において行われたものであるか、また、如何なる手段、方法において行われたものであるかを、全く綜合的に判断しなければならぬことになるであろう。

（二）　本罪における脅迫の事例

(1)　脅迫の程度を論じる例

【23】（判決要旨）「その暴行脅迫の程度においても一地方における公共の平和、静謐を害する危険性がある程度のものであることを要するものと解する」（福島地平支判昭三〇・九・一〇判時六二・一五）。

【24】（判決理由）（抄録）「湯本町署における群衆の暴行脅迫は、大多数の群衆間に共同の意思は認められるとしても、その暴行脅迫の程度は比較的軽微であつて、騒擾にあたるとはいい難い。内郷町署においては暴行脅迫の所為に出た者その他大多数の群集間に共同意思の存在したことは認め得られなくはないが、その暴行脅迫の程度は未だ必ずしも一地方の公安を害する危険性を帯びるに至る程度になつたものとは認め難く、本件事案の全体からみて未だ騒擾にあたらないものと解するのが相当である」（仙台高判昭三三・六・三〇判時一六六・一〇）。

周知の通り、平事件は第一審判決が破棄され、平市署における被告人等の行為について騒擾罪の成立が認められた。その認定の基礎になつた事実の一部のみを左に摘示する。

「群衆は玄関に向つて半円形に押寄せていて、女の人達も石を手拭に包んで振廻し、やつてしまえという調子であり、或は石を投げつけるような恰好をし、或は棒を振上げてやつてしまえと叫び、或は赤旗を振る者もあり、それから皆代表だから全部入れろというようなことを叫んでいた」（上掲書二五頁）。

(2) 程度を論じない例

【25】（判決理由）「騒擾罪は多衆聚合して暴行又は脅迫を為すに由りて成立するものにして、斯る行為は自ら公共の平安を害すべき危険性を有するものなりと雖も各場合に於て具体的に斯る結果の発生することは同罪の成立要件に非ず」（大判大一二・四・七刑集二・三二二）。

右判例は勿論、直接には本罪がいわゆる抽象的危険犯罪として成立することを示すものであり、同趣旨の判例は多いのであるが、それらの判例が、「暴行又は脅迫を為すにより成立する」としてその程度について論じるところのないことに注意し、これを掲示したのであつた。

(3) 共同意思に基づく脅迫であることを要する

【26】（判決理由）「治安警察法第八条第十二条の適用範囲は多衆集合の際集合者中共同の意思に基づかざる喧擾狂暴の所為ある場合を規律するものにして、集合者の為したる暴行脅迫の所為が集合者の共同意思に出づるか又は、予め斯る意思なきも多衆集合の機会に於て、集合者共同意思に基き暴行脅迫を為したる場合の如きは騒擾行為として之を制裁すべきものとす。要するに治安警察法違反の罪と騒擾罪とを区別する標準は暴行脅迫が共同力を利用して為されたるや否やに在りと謂わざるべからず」（大判大四・一〇・三〇刑録二一・一七九六）。

【27】（判決理由）（抄録）「騒擾罪は多数が集合して暴行又は脅迫をなすによつて成立するが、その暴行又は脅迫は、集合した多衆の共同意思に出たものであり、いわば、集団そのものの暴行又は脅迫と認められる場合であることを要する」（仙台高判昭三三・六・三〇判時一六六・一三）。

(4) 脅迫の相手の数に関係なし

【28】（判決理由）「刑法第一〇六条の騒擾罪は多衆聚合して暴行又は脅迫を為すによりて成立するものにして多衆が共同の力を利用して暴行又は脅迫を為すことを要するも其の他に特に騒擾の行為あることを要せざるのみならず、其の暴行脅迫が不定の多数人に対すると特定の一個人に対するとは本罪の成立に何等の影響なきものとす」（大判大一三・五・五新聞二二七一・二二）。

五　強制猥褻罪（刑一七六）における脅迫の概念

（一）概　説

強制猥褻罪における暴行、脅迫の概念については学説の分れるものがある。すなわち、その大小強弱を問わないとするものと、強度のものであることを要する、とするものがある。勿論強姦罪（刑一七七）における暴行脅迫の概念規定と関連するのであって（イ）両犯罪を通じて大小強弱を問わないとする見解、（ロ）両犯罪を通じて強度であることを要するとするもの、（ハ）強制猥褻罪にあっては大小強弱を問わずとするも、強姦罪にあっては強度であることを要するものに大別することができよう。次に右見解の代表的な主張を挙げることにする。植松正教授は前記（イ）の見解を主張される。すなわち「実際に起りがちな強制猥褻の例として、しばしば判例が説明しているのは、「婦人の意思に反して指を陰部に挿入するが如きは、其自体暴行に因り猥褻行為を為すものと謂わざるべからず」というのである。この判旨からも伺える如く、意思に反するというのは、暴行、脅迫がかならずしも相手方の反抗を抑圧する程度であることを要するものでないと解すべきである。（略）

法文の用語からみれば、強制猥褻および強姦に関する規定も、強盗のそれと全然同じく、「暴行又ハ脅迫ヲ以テ」となつているから、これらを統一的に解釈するときは、すべて反抗抑圧の程度に達することを要するようにも見える。しかし、元来、この問題は強盗罪について多く論ぜられるところに発するのであるが、それは、同じく暴行、脅迫を手段とするところの財物奪取罪たる恐喝罪(刑二四九)との区別をあきらかにする必要上、強盗罪における暴行脅迫は反抗を抑圧する程度のものに限るとの制限的解釈が成立したのであつて、これはむしろ例外的解釈と見るべきである。単に「暴行又ハ脅迫ヲ以テ」とある規定そのものには、本来、なんらそういう制約はあらわれていない。いやしくも、暴行、脅迫の手段に訴えさえすれば、その大小強弱を問わないものと解すべきである。強制猥褻罪や強姦罪については、強盗罪におけるような、他罪から受ける制限解釈の必要は存しないからである。ただ性行動の特質上、一切の有形力の行使をもつて、かならずしもすべて相手方の真意に反するものとは見られないことに注意すべきである(植松・刑法学各論一四三、四頁)。

植松教授が性行動の特質を考慮せられるにおいては、強制猥褻罪における性行動と、強姦罪における性行為の特質を考慮せらるべきではないであろうか。即ち、姦淫行為の如きは簡単に或いは容易に遂行されるものではなく婦女の何程かの抗拒によつて防止し得るものであるに対し、強制猥褻行為として処断せられる行為は必ずしも強度の暴行を要するものではない。この点、尚、判例に即して検討することにしよう。

前記(ロ)の見解を主張するものとして小野清一郎博士、江家義男博士を挙げうる。すなわち、小野博士は「反抗の意思を抑圧して、猥褻の行為をするところに犯罪性がある」(小野・刑法概論三一〇頁)とされるのであるし、江家博士は「本罪は、猥褻行為の強制、すなわち、相手の任意的意思に基づかない猥褻行為の実行によつて、成立するものである。したがつて、十三歳以上の者に対する暴行又は脅迫は、相手の意思の任意性を失わしめる程度のものであることを必要とし、且つ、その程度のものであれば充分である。必ずしも相手の反抗を完全に抑圧するほど強力なものであることを必要としない。その反抗を著しく困難ならしめる程度のものであれば足りる。この意味において、本罪における暴行―脅迫は、強盗罪における暴行、脅迫と同じ程度のものと理解してよい。」とされ、他人の家宅に侵入して、臥床に寝ている婦女の身体を抱擁した場合の如きは、判例はこれを以て強制猥褻罪が成立するとし、従つて、暴力の大小強弱を問わないとしているが、むしろこの場合は単純暴行罪ではないか、と評されるのであつた（江家・刑法各論一七五頁）。宮内裕教授も亦この説を主張される（宮内・刑法各論講義二七二頁）。

婦人の意思に反して指を陰部に挿入するような行為はそれ自体、暴行に依つて猥褻行為を為すものである、と云わなければならないのであり、これを、単純暴行罪とすることは妥当ではないとすれば、本罪の成立には江家教授の主張のように反抗を著しく困難ならしめる程度は必要でないのではなかろうか。

次に前記（ハ）の見解を持つ者に木村亀二博士がある。「暴行とは人の身体に対して不法の有形力を加えることを謂い、其の力の大小を問わずとすること判例である。」（木村・刑法各論二三一頁）、「その力の軽重を問わない」ともされる（新刑法読本全訂新版一三二頁）。「本罪の暴行、脅迫はその程度を問わない」とされるのは福田平教授である（福田・刑法各論一三九頁）。また、一応、本罪の暴行、脅迫は強盗の場合と同程度のものを指すが、暴行自体が猥褻行為となる場合があるし、また羞恥心のために抵抗力を減殺される関係から、実際上は強盗の程度に達しない暴行も本罪の暴行といえる場合を生ずる、として結論的には本罪の暴行に軽度の暴行をも含ましめられるものに青柳文雄教授がある（青柳・刑法各論一〇〇頁）。

そこで判例について検討をしなければならないが、結論的には判例は、本罪については力の大小強弱を問わないとする立場にたつ。なお、判例集において脅迫のみに依つて本罪の成立を認めた事例を見出すことが困難であつたので、暴行によつて本罪の成立を認めた、二、三の事例を挙げるに止める。

（二）　強制猥褻罪の成立する事例

(1)　暴力による接吻は強制わいせつにあたる。

【29】（事実）「被告人は昭和三一年七月一六日、自己の運転する普通貨物自動車に助手外一名を乗せ夜遊びに出掛けた帰路、午後九時項、通りかかつたA子（当十九年）外二名の女子をその自宅附近まで送るといつて自動車に同乗させた。しかし、自動車を反対の方向に走らせ人家のない川原に出て自動車を停め、助手等がA子を残し他の女子二名をつれて下車したのに乗じ、運転台のライトを消し、右A子を運転台の腰掛の上に押し倒し、強いて同女の口唇に接吻しようとしたところ、極力抵抗されたためその目的を遂げることが出来なかつた。その際同女に対し全治一週間を要する傷害を負わした。原審は右事実に対し刑法第一八一条第一七六条を適用した上酌量減軽をし被告人を懲役一年六月に処した。

（弁護人の控訴趣意）　原判決には重大な事実の誤認がある。原判決は被告人の強制わいせつ行為として「運転台のライトを消し右A子を運転台の腰掛の上に押倒し強いて同女の口唇に接吻しようとしたところ極力抵抗されたため、その目的を遂げることが出来なかつたものである」旨認定した。然しながら被告人は決して強いて接吻しようとしたのではなく、右A子が拒むところがなければ即ちA子が同意するに於ては接吻しようと試みたに過ぎない。ところがA子が強く抗拒の気配を見せたので接吻の意図を捨てその後は何もしなかつたというだけのことである。（中略）被告人がA子に対して接吻を求める挙に出たのはA子を暴行脅迫を以て圧倒して迄之が意図を貫こうとしたわけではなくてA子が如何なる反応を示すか試みに掛つたのである。そしてA子が抗拒の気配を示し暴力を用いなければ接吻の意図を達することができないと見れば被告人はその時は已むという考えでしかなかつたのである。強いて接吻しようとしたのとは凡そ遠い状態なのである。（以下略）

原判決が接吻をわいせつ行為であると断定したことは判文上疑ない。然しながら現在映画小説等に接吻の場面が取扱われていることは全く日常茶飯事の如くである。（中略）被告人の前記所為をわいせつ行為と認定した事は現代社会通念に背反する判断である。だからといつて弁護人は他人の意に反して接吻をすることが何等の刑責をも生じない行為だと謂うのではない。暴行罪の刑責は免れ得ないことは当然と思料する。

（判決要旨）　相手方女性が被告人の要求に応じ接吻を承諾すべきことを予期し得る事情は少しもないのに、単に自己の性欲的満足を得る目的で相手方の感情を無視し、暴力を以て強いて接吻を求めるような場合、その接吻は一般の道徳的風俗感情の許容しないものとして刑法の強制猥褻の行為にあたる。

（判決理由）　原判決挙示の証拠によれば被告人がA子を自動車運転台に押し倒しA子の唇に口を寄せて同女に接吻しようとしたところ、同女は持つていた買物袋を口元に当て被告人の要求を拒み、極力抵抗するに拘らず、同女の口を押えたり、身体を動かせないようにしたりしてなおも接吻を迫つたもので、A子はこれを防ぐため被告人の指にかみついたり、顔をよじらせ、足をバタバタさせたりして、その口唇部が運転台の部分に当つて歯が一本脱けてしまうほど抵抗したことが認められるのであるから被告人は所論のようにA子の同意が得られるに於ては接吻しようと試みたに過ぎないものではなく、同女の抵抗するに拘らず強いて接吻しようとしたのであつたが、同女の抵抗が予期以上のものがあつたためにその目的を遂げられなかつたものと認められ、論旨は理由がない。

接吻は相手方に対する愛情の表現であり、殊に成長した男女間のそれは性欲と無関係なものではない。しかし性的の接吻をすべて反風俗的のものとし刑法にいわゆる猥褻の観念を以て律すべきでないのは所論のとおりであるが、それが行われたときの当事者の意思感情、行動環境等によつて、それが一般の風俗道徳的感情に反するような場合には、猥褻な行為と認められることもあり得るのである。

本件についてみるに（中略）同女がこれを承諾すべきことを予期し得る事情は少しもないのに、単に自己の性欲的満足を得る目的で相手方の感情を無視し、暴力を以て強いて接吻を求めたものであり、かような情況の下になされる接吻が一般の道徳風俗感情の許容しないことは当然であつて刑法の猥褻の行為に該るものといわなければならない」（東京高判昭三二・一・二二刑集一〇・一・一〇）。

(2)　本罪の暴行とは正当の理由なく他人の意思に反してその身体髪膚に力を加えることをいい、その力の大小強弱を問わない。

【30】（判決理由）「刑法第一七六条前段に所謂暴行とは正当の理由なく他人の意思に反して其の身体髪膚に力を加うるの謂にして固より其の力の大小強弱を問うことを要するものに非ず、従て他人の家宅に侵入し臥床に寝ねたる婦女の身体を抱擁するが如きは強大の力を用いると否とに拘らず其の暴行たることを失ふものに非ず、故に原判示の如く被告が深夜、故なく甲方に侵入し同人の妻乙の寝室に到り臥床に横わり居たる同人の肩を抱き左手を其の陰部に触れたりと云うの行為は即ち暴行を以て猥褻の行為を為したるものと謂うことを妨ぐるものに非ず」（大判大一三・一〇・二二刑集三・七四九）。

(3)　暴行が即猥褻の行為となる事例

【31】（判決理由）「原判決において被告が婦人の意思に反し不法に陰部中に指を挿入したる事実を以て暴行と認定せる趣旨なりと解し得べし。而して此の如く婦人の意思に反して指を陰部に挿入するが如きは其自体暴行に因り猥褻行為を為すものと謂わざるべからず」（大判大七・八・二〇刑録二四・一二〇五）。

以上は全て暴行による本罪の成立の場合であるが脅迫を手段とする本罪は勿論想定し得るところで

ある。その場合の脅迫は実際問題としては相当強度のもの、例えば刃物をつきつけるとかピストルを出すとか、或いは弱点の暴露とか考えられるのであるが、理論上は、一般に畏怖心を生ぜしめるに足るものと認められるかぎりその強弱を問わないと解すべきであろう。

六　強姦罪(刑一七七)における脅迫の概念

(一)　概　説

強姦罪における脅迫の概念はその理解において相異するものがあり学説においても可成りの幅を見る。結局は脅迫の程度をどのように考えるかによる。(イ)被害者の抗拒を不能ならしめる程度、(ロ)必ずしも被害者の抗拒を不能ならしめる程度のものであることを必要としないが、抗拒を著しく困難ならしめることを要する、(ハ)著しく困難ということも必要ではなく反抗が困難と認められる程度で足りる。(ニ)反抗の困難性も必要ではない。結局、軽い程度の脅迫においても本罪の成立を認めることになる。

以上の様な四種の区別を考えるとしても、具体的事例の事実判断においてどの事実をどの程度のものと判断するかは事実認定の問題として概念規定からは区別される。そこで学説を考慮してみる。小野清一郎博士は「反抗の意思を抑圧」して姦淫するところに犯罪性を認められる(刑法概論三一〇頁)。滝川幸辰博士は「相手方の反抗を抑圧する程度の強いもの」(刑法各論七九頁)とされ、木村亀二博士は「反抗心を抑圧する程度の恐怖心を生ぜしめることを要する」(刑法各論五六頁)とされるのであるし、江家義男博士は、「相手の意思の任意性を失わしめる程度のものであることを必要とし、且つ、その程度のものであれば充分である。必ずしも相手の反抗を完全に抑圧するほど強力なものであることを必要としない。その反抗を著しく困難ならしめる程度のものであれば足りる。この意味において、本罪における暴行、脅迫は、強盗罪における暴行、脅迫と同じ程度のものと理解してよい。」(刑法各論一七五頁)とする。江家博士の説明は直接には強制猥褻罪についてであるが強姦罪について勿論同一としてよい。宮内裕教授は「暴行・脅迫は、相手方の反抗をいちぢるしく困難にする程度に達すればよい」(新訂刑法各論講義二七四頁)とされる。

以上は大体、脅迫の程度を強度のものと理解することにおいて一様である。ところが、植松正教授は以上とは異なる見解を主張される。前に(九七頁)一応紹介したところであるが念のため今一度引用することにする。曰く「法文の用語からみれば、強制猥褻罪および強姦に関する規定も、強盗のそれと全然同じく「暴行又ハ脅迫ヲ以テ」となつているから、これを統一的に解釈するときは、すべて反抗抑圧の程度に達することを要するようにも見える。(中略)単に「暴行又ハ脅迫ヲ以テ」とある規定そのものには、本来、なんらそういう制約はあらわれていない。いやしくも、暴行、脅迫の手段に訴えさえすれば、その大小強弱を問わないものと解すべきである。」「ただ性行動の特質上、一切の有形力の行使をもつて、かならずしもすべて相手方の真意に反するものとは見られないことに注意すべきである。」(刑法学各論一四三、四頁)。

相手方の真意に反すると見られない場合の有形力の行使はどのように認識せられるか判明しないが、とにかく、大小強弱を問わないとするところに特色がある。

ところで、強姦罪の本質を如何に理解するかについて相異するものがあり、これが、本罪の暴行脅迫の程度をどのように理解するかについて関連するものがある。これらの点に関し谷口正孝判事の論策があるので、しばらく同判事の主張に傾聴することにしよう。

「最近の性犯罪について、注意すべきことは、被害者側の過失、すなわち、被害者が容易にその難を免れ得たに拘らず、被害を回避するについて真摯な努力を払つた形跡の認められないことである。性犯罪は、いわゆる桃色遊戯の延長の上に在る。このことは、具体的事件の処理に際して、和姦の主張を許すことになるし、弁護人側としてみれば、強姦罪をして最も抗争に価する事件の一つたらしめている所以である。」

「然し、強姦罪は、すぐれて情感の世界のできごとである。かかる場において、婦人を理性人の像として画くことじたいに問題があつた。強姦の機会のある場面において、性的に挑発された婦女が最後まで真摯な抵抗を続けなかつたとしても、その姦淫行為を、直ちに和姦として片づけることはできないであろう。強姦罪の主体としての婦人（筆者注、法律的には犯罪の客体なる婦人）は、観念的に想定された理性人ではなく、性的感情と本能の持主である活きた人間であることを忘れてはならない。かかる見地に立つて、強姦罪の本質を考えるならば、それは、婦人の性的自由を侵す罪として一義的にとらえるだけでは不充分であり、寧ろ、行為者の主観、その意図を含めて、行為そのものの反倫理性を直視すべきであろう。そのとき、強姦罪の本質は、性欲の満足の手段として婦人を道具の如く使用するところに求められるわけである。」「わたくしは、強姦罪の本質は、犯人が性欲充足の手段として、婦人の意思を無視して、これを非人間的道具として扱うところにあるものと考える。この場合、その手段は、暴行脅迫に限定されることは勿論であるが、その程度は、犯人のかかる婦人に対する非人間的道具観を一般に推測せしめるに足りる程度のものであればよい」（判例時報二二〇号附録、判例評論二七号六七頁）。

以上が谷口判事の本罪に対する、従ってまた、本罪の暴行脅迫の考え方である。そして、いささか論旨において不明なものがあるが結局のところ、軽微な暴行脅迫では和姦との限界を劃することが困難であるから、「必ずしも被害者の抗拒を不能ならしめる程度のものであることを必要としないが、少くとも其の抗拒を著しく困難ならしめることを要する」という理解に達せられることになる。

谷口判事の見解は本罪の具体的事象を観察するものとして、また、行為者の行為そのものに違法の実質を求めようとするものとして注意すべきものがある。しかし、その強調せられるところの性慾充足の手段として婦人を非人間的道具として扱う行為は決して暴行・脅迫を手段とするものばかりではなく、むしろ、暴行・脅迫を手段としない場合の方がそうした性格をもつものであると云い得るのであるし、且つ、暴行・脅迫の程度をはかるものとしては極めて曖昧なものと云わざるを得ない。そこで谷口判事自身、結局、「婦人の意思を無視して」という別の標準を持って来ざるを得ないことになる。このことは同判事の論旨にも拘わらず、婦人の性的自由を侵害することに本罪の違法性を認めることに帰着するのである。さらに、谷口判事の見解に対する疑問は一に尽きないので以下かんたんにそれを述べることにしよう。

強姦罪における婦人は観念的に想定された理性人ではなく、性的感情と本能の持主である活きた人間であることを忘れてはならない、とする主張はたしかに人間性を洞察したものであると云わねばならない。しかし、性の誘惑に弱い反面また、欲しない相手の行為に対しては本能的に強い反抗をするものではないであろうか。性的に挑発され誘惑に負けたと考えられる場合はむしろ和姦とすべきであろう。抵抗を為したが遂にそれを断念せざるを得なかつたといつた事実が本罪の特質となるのではなかろうか。

さらに刑法一七七条が十三歳以上の婦女とそれに満たざる者とを区別し、前者に対し暴行脅迫を構成要件としていることは、谷口判事の性慾充足の手段として婦女を非人間的道具として扱うというメルクマールによつては説明し得ないのではなかろうか。

以上の如く考え、筆者は婦女の抵抗により強姦をまぬがれた多くの場合があることを想像するのである。ただこれは数字的に明らかでないだけである。

（二）　強姦罪の暴行脅迫の程度を示す具体的事例

(1)　抗拒不能もしくは著しく困難とするもの

【32】（事実）「被告人は昭和二二年一一月一四日午後八時頃国鉄府中駅前道路上で母親を待ち合せていた女学生甲女（当十五年）を認め、俄に劣情を催し同女を姦淫しようと企て、言葉巧に同女に話しかけ、同所から五町離れた畑の中に連れ込み、突如同女を其の場に押倒し、同女が大声で救を求めようとしたので声を出すと殺すぞと申し向け顔面を殴打する等の暴行や脅迫を為して反抗を抑圧し強て同女を姦淫して其の目的を遂げた。その際加療約二週間を要する傷害を負わした。

原審は右事実に対し刑法一八一条一七七条前段を適用し懲役三年に処した。

（弁護人上告趣旨）　刑法第一七七条に所謂強姦の要件である暴行又は脅迫とは相手方に暴行又は脅迫を以て威圧を加え意思活動の自由を失わしめることを意味するものと解する。然るに本件に於ては被告人の自供によつて明な如く（被害者甲女の供述には之れに反する供述はあるが）暴行脅迫の事実はなく仮りに被害者の供述の如くこの事実があつたとしても被告人の用いた威圧の手段によつて相手方が抗拒不能に陥り機械的に被告人のなすがままに行動した事実は全記録を通して何処にも発見することは出来ない。相手方が体格人一層優れ一見成年女子と見られ情交の何たるやを解する意思能力を充分持ち且つモンペイを自ら脱ぎ情交後自らそれを穿ち泥まで被告人が払つてやつた等の事実より考察するときは被告人が暴行又は脅迫によつて強いて姦淫したるものと判断することはできない。

（判決要旨）　刑法第一一七条にいわゆる暴行又は脅迫は、被害者の抗拒を著しく困難ならしめる程度のものであることをもつて足りる。

（判決理由）　論旨は、被告人が被害者に暴行脅迫を加えた事実はなく、仮りにそのような事実があつたとしても、被害者が抗拒不能に陥つたという事実は全記録の何処にも発見することができないと主張しているけれども、刑法第一七七条にいわゆる暴行又は脅迫は相手方の抗拒を著しく困難ならしめる程度のものであることを以て足りる。

そうして被告人が被害者にその程度の暴行脅迫を加えたという事実は、原判決挙示の証拠によつて十分立証されている」（最判昭二四・五・一〇刑集三・六・七一一）。

【33】（判決要旨）　強姦の目的に出でた暴行が、強姦に着手し被害者の反抗を抑圧する直接の暴行と見られるに至つた場合は、強姦罪の構成要件の一部であるから、……

（判決理由）（事実のみを摘記する）「記録並びに原審で取調べた証拠を精査するに――右暴行は原判示日時甲、乙、丙、丁、戊、等が青年会館内に於て映画観覧中のA女（当二十年）を姦淫しようと謀り予て同女と知合である甲は同女を青年会館横の記念碑のところに誘い出した。不穏の空気を察して逃がれようとする同女を被告はその場に押倒し其処より約八米を距てた鉄道線路脇の草原に引摺つて行き仰向けにして抑え付けズボン等を無理に剝き取つて下半身を裸体にしすかさず乙は殆んど抗拒不能に陥つていた同女の上に乗り其の両手を抑えて姦淫した」（札幌高判昭二七・六・二五刑集五・六・九九六）。

【34】（判決理由）「刑法第一七七条の強姦罪は姦淫の目的を以て特定の婦女に対し同条の区別に従い暴行

脅迫を用い若くは用いずして猥褻の行為を為したる場合を規定せるものにして、同一七六条の猥褻罪は是等の行為を除外したる法意なること自ら明かなれば苟くも犯人が姦淫の目的を以て暴行脅迫を用いて婦女に対し猥褻の行為を為したる事実を認定する以上は刑法第一七七条を適用すべきものにして前条を適用す可きものに非ず。原判文に因るに被告は云々俄かに春情を催し某女を姦淫せんと欲し暴力を用いて後方より同人をかつぎ上げ路傍芝草の上に押倒し其裾を捲くりたるに云々とありて其認定事実は正に刑法第一七七条の予見せる場合に適合するを以て被告に対し同条及び第一七九条を適用したる原判決は相当なり」（大判大三・七・二一刑録二〇・一五四三）。

右の判例は暴行の程度について直接触れるところはない。ただ、「かつぎ上げ押倒す」という事実を示して本罪の成立を認める。本罪は姦淫を行う、すなわち、肉体による直接の攻撃である行為の性質上、精神的攻撃たる脅迫よりも暴行によつて遂行される事例が多いわけである。一応婦女の拒否に会ひ乍らなお姦淫の目的を遂げようとすれば暴力に訴えざるを得ない。しかし、なお暴力が同時に次の暴力を予想せしめる脅迫でありまた、暴力と並んで脅迫が行われる事例として次の判例を見よう。なお、この判例は第三者の暴行、脅迫行為を利用して姦淫しようとする行為は第一七七条に該当しない旨を判示するものであり本条における暴行脅迫の態様を示すものとして意味がある。

【35】（事実）第一、昭和三二年八月一五日夜、京都市伏見区砂川小学校で盆踊りを見ていた際、A、B、C、D、E、F、G、H、等は共謀して、同じく盆踊りを見に来ていた甲女（当時一七年）乙女（当時同年）を七面山に連れて行つて口説き、もし応じなかつた場合は強いて輪姦しようとたくらんだ、そしてB、Cは甘言を以て甲女乙女を誘い七面山頂墓園下の石段へ連れて行き被告人は甲女を、Aは乙女をそれぞれ同山頂へ連れて上つた。被告人は甲女を口説こうとしたが同女は被告人の傍に坐ることさえ肯じなかつた。そこでCが同女の傍に行き矢庭に同女の首に手を掛けて仰向に倒し被告人は同女の肩や手足を抑えつけ同女が悲鳴をあげ

て救を求めると、棒切れ様の物を同女の頭髪に当て声を出したら髪を切るぞと怒鳴つて脅しCも平手で同女の頰を数回殴打して同女の反抗を抑圧し、Cが同女の上に乗りズロースを脱がせ将に姦淫しようとした際、被告人は替れと言つて同人を退け同女の上に乗つて強いて姦淫した。その時附近で待機していたE、G、F、D、Hの五名は甲女の悲鳴を聞いてその現場に馳けつけたが、姦淫中の被告人が彼方へ行つてくれと言つたので約二〇メートル東方へ避けたところ、乙女がAの要求を拒んで東方から戻つて来たのを見て共同して同女を押し倒し口や手足を押え或は平手で頰を殴りズロースを脱がせ被告人も加勢して同女の顔面を殴つて暴行を加えF、G等が同女の上に乗り姦淫しようとしたが同女が尚烈しく抵抗し大声を出して救を求めたので附近の崖下に山寺もあり事の発覚することを恐れて暴行を止め姦淫の目的を遂げなかつた。

第二、同月二〇日夜友人Y他女友達一名と共に七面山頂上附近で夕涼み中、その附近の叢中でB、C、G、T等が丙女（当時一七年）外一名に暴行を加えて輪姦しているのを察知し、その暴行を利用して同女を姦淫しようと考え、同日午後一〇時頃、叢中に赴き同所でC等の暴行によつて既に反抗を抑圧せられて仰向けに倒れて抗拒不能の状態になつているのに乗じて丙女の上に乗り姦淫しようとしたが、同女がしくしく泣いたので同情して姦淫することを断念しその目的を遂げなかつた。

右第一の事実は、甲女について刑法第一七七条、乙女について第一七九条の犯罪が成立することは問題がないとして、只、事実関係として注意さるべきことは乙女が数人の暴行の中にあつて尚烈しく抵抗し遂に犯罪を未遂に終らしめたことである。

第二の事実については、原審は刑法第一七七条前段を適用したので、事実を誤認したものとして控訴せられた。右控訴に対する判決理由の要点を摘示する。

（判決理由）「刑法第一七七条前段に所謂十三歳以上の婦女に対する強姦罪は犯人自ら（責任無能力者を道具として利用する場合を含む）又は他の共犯者が加えた暴行又は脅迫の手段により、婦女の反抗を著しく困難ならしめて、姦淫する場合に成立するものである。

而してその暴行又は脅迫の手段は、必ずしも強姦の手段として行つたものであることを必要とするものではなく、たとえば、犯人自ら又は他の共犯者が強盗の手段として暴行又は脅迫を加えたため婦女が畏怖している に乗じ姦淫を遂げるが如き場合には、姦淫に際し改めて暴行又は脅迫を加えなくとも、さきに犯人又は他の共犯者が強盗の手段として加えた暴行又は脅迫を利用する場合にも、等しく強姦罪を構成する。

然しながら、犯人自ら、又は他の共犯者が暴行又は脅迫を加えることなく、他の第三者が強姦又はその他の犯罪の手段として加えた暴行又は脅迫の行為を単に利用して、他人の犯罪の実行に際し、又はその終了後において、姦淫を遂げるが如き場合には、刑法第一七八条即ち婦女の抗拒不能に乗じ姦淫した罪に該当する場合は格別、刑法第一七七条前段の強姦罪は構成しないものと解すべきである。（中略）

原判決挙示の各証拠を精査検討の上右事実を按ずるに、被告人が丙女を姦淫しようとした時には、何等の暴行を加えていないことが明らかであり、単にC等の加えた暴行行為により、丙女が抗拒不能の状態にあるのに乗じて同女の上に乗り姦淫しようとしたことが認められる。而して被告人において、右C等の輪姦のため加えた暴行行為を利用する意思があつたとしても右C等とは共犯の関係がありとは証拠上認め難く、自らは何等の暴行をも加えていないのであるから、刑法第一七七条前段の強姦罪を構成するに由ないが、被告人は右丙女の抗拒不能に乗じ姦淫しようとしたものに外ならないから、正しく刑法第一七八条第一七七条前段（刑法第一七七条前段は処断刑の関係においてのみ適用せられる。）の準強姦の犯罪を構成するものと謂わなければならない」（大阪高判昭三三・一二・九、刑集一一・一〇・六一二）。

次に「抗拒を著しく困難ならしめる程度のものであるとは認め難い」として犯罪の成立が否定された事例を挙げる。強姦罪における暴行脅迫の程度についての見解の一例である。

【36】（判決理由）「原判決が第一事実として認定するところは、被告人は、昭和二十九年十二月下旬頃か

ら甲女といんぎんを通じ、将来を誓い合つていたが、翌三十年二月上旬頃に至り、同女が自己と結婚する意思のないことを聞き知り、内心穏かならぬものがあつたところ、同三十年二月八日午前十一時半頃、鉄道線路踏切附近を通行中の甲女を認めるや、同女を伴い、佐々木某方茶の間に誘い込み、同日午後四時半頃までの間、或はその非を詰問し、或は懇請して同女の気持を確かめたが、遂に婚姻の意思なきことを知るにおよび、自己の純情をふみにじられたものと考え寧ろ同女を姦淫してうつ憤をはらそうと決意し、嫌がる同女の手を摑み同所奥六畳の間に連行し、同女に対し「お前も俺にいたずらしたんだから俺もいたずらしてやるんだ」と申向け、同女を布団の上に仰向けに押倒し、その体に斜めに乗り、右手を同女の首の下に廻してその右手首を摑み、左手で同女のズボンをずりおろしその反抗を抑圧し、強いて姦淫しようとしたが、同女が容易に応じなかつたためその目的を遂げなかつたものであるというにありその挙示する証拠を総合すると、被告人に姦淫の意思のあつたこと、そのため甲女を六畳の間に連行し、そこに敷いてあつた布団の上に仰向けに押倒し、原判示のような行為に出たことは首肯し得る。

しかし、右証拠中被告人および甲女の各調書ならびに検証調書を仔細に検討し、これに当審で取調べた証人甲女の証言を併せ考えると、被告人とは一ケ月余の期間ではあつたが互に将来を誓つていんぎんを通じ合い、一旦は心中までしようとした仲にあつた甲女がにわかに被告人をうとんじはじめたのに対し、被告人は、或はその理由を正し、或はその翻意を求めて同女と数時間に亘つて話しつづけたにもかかわらず、ついに同女の翻意を得られなかつたので、同女に対する最後の未練として右行為に出たものと見られないでもないこと、一方、甲女においても、被告人と別れる気持になつたのは、もともと同女の友人からの忠告を信じてのことにすぎず、心底から被告人を嫌悪していたものとは認められないこと、されば、被告人の右行為に遭遇した同女は、これを極力避けようとすれば、同所から廊下一つ距てた隣室に脱出し、容易に救を求め得られる状態にあつたにもかかわらず、敢えてこの挙に出ることなく、単に身もだえ、言葉のうえで拒否しつづけてはいたが、被告人とはこれまでの関係もあり、いざとなれば身を委せてもよいと考えていたこと、しかるに、被告人は、たやすく甲女の言葉を容れて、更に進んで特別の姿態に出ることもなく同女を解放して、所期の目的を遂げようとしなかつたこと等が窺える。これ等の事実からすると、被告人の右行為は、甲女の抗拒を著しく困難ならしめる程度のものであるとは認め難く、むしろ、同女が応ずれば姦淫しようとする程度のものに止まり、その応諾がないにもかかわらず、強いてこれを遂げようとする意思のもとになされた行為ではなく、従つて被告人には強姦の犯意がなかつたものとみるのが相当である」（札幌高判昭三〇・九・一五刑集八・六・九〇三）。

以上の判例でもみられる通り、「反抗の抑圧」「反抗を著しく困難にする」という表現において本罪における暴行脅迫の要件とするものが多い。強姦の事実を認定する場合、従つて、このような表現を用いることになる。例えば「同女をジープから無理に引下して仰向けに押しその顔面を殴る等の暴行を加えて反抗を抑圧し」（横浜地横須賀支判昭三〇・一・一七刑集八・六・八二四）とする。ところが、以上と異つた珍らしい判例がある。

(2)　力の大小強弱を問わないとする判例

【37】（判決理由）「刑法第一七七条にいわゆる暴行とは被害者の意思に反してこれに有形的な力を加えるというのであつてその力の大小強弱を問わないものと解するのが相当である。然るに原判決挙示の証拠によれば被告人は厭がる被害者の両腕を押えつけその上に乗りかかり強いて姦淫したことが窺われるから、同条にいわゆる暴行をもつて婦女を姦淫したものと認めるにかくるところはない」（大阪高判昭二四・一一・七判例体系三三・一五五）。

右の判例の事実は従来の判例から見ると、なお「反抗を抑圧するに足る」と解せられるものである。しかし、判例は敢て、「大小強弱」を問わないと断言する。この見解に立てば、事実は和姦であり乍ら強姦であると主張された場合、主張者の言を通すことになり、不当な結果に到達することになるのではなかろうか。婦女の意思に反する姦淫が容易に行われ得るものではないのであるから、本罪の脅迫の程度は多数説の如く制限的に解すべきであろう。

七　恐喝罪(刑二四九)における脅迫の概念

(一)　概　説

恐喝罪は人を恐喝して財物を交付せしめることによつて成立する。交付が強要に因るのである。被害者の立場においては畏怖心を生じ止むを得ず財物を交付するのであり、或る程度において反抗が制圧されているものとしなければならない。ただ、被害者の意思は制圧ないしは束縛されつつも、なお、任意的な意思活動の余地が残されているところに強盗罪と区別せられる特質がある。この区別の由来するところは結局、脅迫の強度の差にある。加害の内容、種類、性質に限定はなく、また加害通告の方法に制限はない。

以上のような説明は観念的抽象的な説明の限りにおいて多く異論をみないところである。しかし問題の複雑性は、具体的事案において、はたして脅迫に該当するか、或いは判例の言う反抗を抑圧する程度に至らない脅迫が行われたのであるか、これらの判定が必ずしも簡明でないところにあるのである。被害者からの財物の移転が暴行自体によるときには交付とは云えないから本罪とはならないが暴行が同時に加害の通告であることがある。従つて、本罪における脅迫の概念の究明はより多く具体的事案に即して行われなければならない。

(二)　恐喝罪の成立する事例

(1)　脅迫と暴行との関連性について

【38】（判決要旨）　恐喝とは財物を交付せしめる目的を以てする脅迫をいい、恐喝の手段である脅迫とは、人をして畏怖の念を生ぜしめるに足りる害悪の通知であつて人の反抗を抑圧する程度に至らない場合をいうのであるから、暴行を加えることも、若し財物を交付しないときは更に暴行が反覆継続される旨の黙示の表示と認められる限り、人の反抗を抑圧する程度に至らない場合は、恐喝となり得る。

（判決理由）「所論は、恐喝罪は、単に脅迫をもつてその手段とするに止まり、暴行はこれが手段たりえないものであるのに、原判決は、被告人と原審相被告人甲とが原判示A、同Bより原判示腕時計を喝取するのに際し、殴打、足蹴等の暴行をその手段とした旨認定しているのであるから、原判決には、この点につき法令の解釈を誤つた違法があり、この違法は判決に影響を及ぼすことが明らかである旨主張するにより、案ずるに、恐喝罪は、人を恐喝して財物を交付せしめることによりて成立する犯罪であつて、恐喝とは、財物を交付せしめる目的をもつてする脅迫をいい、恐喝罪の手段たる脅迫とは、人をして畏怖の念を生ぜしめるに足りる害悪の通知であつて人の反抗を抑圧する程度に至らない場合をいうものと解すべきであるから、暴行を加えることも、若し財物を交付しないときは、更に暴行が反覆継続せられる旨の黙示の表示と認められる限り、人の反抗を抑圧する程度に至らない場合は、恐喝となり得るものと解すべきところ、原判決の認定したところは、既に論旨第四点の㈠に対する判断の項に掲記したとおりであつて、原判決挙示の関係証拠に徴するときは、被告人らが被害者甲に対して加えた原判示暴行は、これを目撃していた被害者乙に対しては、同人が若し被告人らの要求に応じないときは、右甲に対すると同様な暴行が加えられるかも知れない旨の黙示の表示とも認められるような状況にあり、また、右甲自身に対しては、同人が若し被告人らの要求に応じなければ、更に暴行が反覆継続せられるかも知れない旨の黙示の表示とも認めえられる状況にあつて、且つ、人の反抗を抑圧する程度に至らないものと認められない訳ではないから、原判示にかかる被告人らの爾余の言語、態度等と相待つて、前示被害者両名に対する各恐喝罪の手段となり得るものといわなければならない」（東京高判昭三一・一・一四高裁刑特報三巻一・二合併号八頁）。

右の判決は、恐喝は財物を交付せしめる目的を以てする脅迫であると規定し、暴行も脅迫たり得る場合がある、とするのである。これに対し、暴行又は脅迫が恐喝であるとするもの、暴行傷害等の身体の態度による威嚇も恐喝の中に包含され、同時に他の罪名に触れる場合は、同時に他の犯罪も成立するとなすものがある。

【39】（判決要旨）「他人に暴行又は脅迫を加えて財物を奪取した場合に、それが強盗罪となるか恐喝罪となるかは、その暴行又は脅迫が社会通念上一般に被害者の反抗を抑圧するに足る程度のものであるか否かという客観的標準によつて決せられる」（最判昭二四・二・八刑集三・二・七五）。

【40】（判決要旨）恐喝罪における威嚇的方法は、相手方の反抗を抑圧する程度のものでない限り特に制限はないから、不利益な事項を告知する内容を有する言語等のほか、暴行傷害等の狂暴な身体の態度による威嚇等をも包含し、その方法が同時に他の罪名に触れる場合には、恐喝罪の成立と同時に右の他の犯罪も成立する。

（判決理由）「所論は、要するに、原判示第二の場合被告人の甲に対する恐喝罪の成立ありと仮定しても、同罪と同判示の被告人の暴行（その結果は傷害に至つた所為）の罪とは併合罪の関係に立つものであり、右判示の如く刑法第五四条第一項前段の想像的競合犯の関係にあるものにあらざる旨主張するものである。よつて按ずるに、恐喝は、前述の如く、威嚇的方法によつて害悪を告知して人を畏怖せしめることにより一定の財産的利益を取得することを本質とする。而して、その威嚇的方法は、相手方の反抗を抑圧する程度のものでない限り、特に制限はないから、不利益なる事項を告知する内容を有する言語等のほか狂暴なる身体の態度による威嚇等をも包含し、且つ、その方法にして同時に他の罪名に触れる場合には、恐喝罪の成立と同時に右の他の犯罪の成立をも来すことになる。而して、本件においては、被告人は、原判示第二の場合運転者甲からタクシーの乗車賃の支払請求を受けるや、その支払を免れるため「このやろう」等と叫び且つ同人を殴打負傷するに至らしめ、その後賃金の一部を支払つたが、右言動により甲をして、此の上右請求を続けていては如何なる害悪を受けるやも測り得ないとの畏怖の念を抱かしめ、そのため右賃料残金六〇円の支払請求を断念せしめて財産の利得をしたというのである。故に、右によれば、右殴打傷害による畏怖と、言語による畏怖とが同時に発生し、その双方相俟つて請求断念に至らしめたものであり、而して、此の場合右言語による威嚇は恐喝罪の本来的構成要件を成すに止まるが、殴打傷害は、それ自体犯罪を構成すると同時に一面恐喝罪との交渉を生じ、その畏怖の念発生の起因となつているものである。故に、原判決において、結局右傷害罪と恐喝罪とを刑法第五四条第一項前段の想像的競合犯の関係にあるものと認めたのは正当であり、所論の如く両者は併合罪の関係にありとなすは首肯し難い」(東京高判昭三一・四・三刑集九・三・二四三)。

右の判例はいささかその論旨に明確を欠くものがある。すなわち、威嚇的方法は特に制限はないから身体の態度による威嚇を包含するとしながら、言語による威嚇は恐喝罪の本来的構成要件を成す、と主張するのである。思うに恐喝における脅迫から暴行を除外すべき理由はない。これが恐喝の現実の型態に即するものと云わざるを得ない。学説においてもこの見解が主張せられる。例えば木村亀二博士は次のように述べられる。「害悪の通知の方法には制限はない。言語に依ると文書に因ると動作に因るとを問わない。従つて、暴行を加へることも亦恐喝たり得る(例えば、暴行を加へることに因つて更に暴行が継続・反覆せらるべき旨を通知して恐怖心を生ぜしめるが如き場合である)。」(刑法各論一五五頁)。

このように考えられるとすれば、暴行は脅迫の一態様にすぎないのであるから、別に暴行罪が成立するのでなく、恐喝一罪とみるべきである。ただ、暴行に因つて傷害の結果が発生したときは別罪となるとすべきであらう。

(2)　通告される害悪は生命・身体・自由・名誉・財産に対するものに限られない。

脅迫罪(刑二二二)においては加害の対象が制限せられているが本罪においては何等制限をしてはいない。相手方を畏怖せしめるに足るものであればよいわけである。

【41】（判決理由）「恐喝罪を構成すべき害悪の通知は必ずしも生命身体自由名誉又は財産に対するものなることを要せず、苟くも人をして畏怖又は嫌忌の念を生ぜしめ因て以て意思の実行を制限するものなるを以て足ること刑法第二四九条に何等其害悪の通告に制限を付したる趣旨の見るべきものなきに徴し明かなりとす。而して蓄妾の事実を摘発すべき通知の如きは名誉に対する害悪の通告なること勿論なるのみならず、仮に然らずとするも自己の秘密を摘発せられ、為めに一家の平和を攪乱せらるるは人の畏怖又は嫌忌する所なれば家族に秘したる事実を摘発すべしとの通告は恐喝罪を構成すべきものたること論を俟たず。被告が被恐喝者の家族に秘したる蓄妾の事実を摘発すべしとの通告を為し因て以て財物の交付を受けたるは正に恐喝罪を構成するものとす」（大判大五・六・一六刑録二二・一〇一二）。

(3)　恐喝罪と脅迫の内容をなす害悪の性質——権利行使の通告が加害の通告になるか

【42】（事実）「(一)被告人甲、乙、丙はいずれも自動車の運転手であるが昭和二五年八月中頃の夜、飲酒の帰途、A外二名が日本専売公社下館出張所倉庫から葉煙草を盗んで行くのを発見したのでこれを種に同人等から金品を提供せしめようと相談し、翌日A家を訪れA及び他の二名に対し「お前等はとんでもないことをした」等申向け、若し同人等において金品を提供しないときは内密にしかねがたい言辞を弄して畏怖せしめ、翌日さらに甲を呼び出し自らの顔を立ててほしいと暗に金品の提供を促し、現金一万円二級酒一升タバコ光十五ケを届けさせこれを受取つた。

(二)　次に被告人等を恐れていたAを飲食店に連れ込み、被告人三名は飲食し恐怖心を利用してその時の酒食代千三百円をAの真意に反して負担させた。

(三)　更に前記の飲酒中、Aに対し、返済の意思がないのに二万円貸してくれと申向け、翌日一万円、二、三日後一万円合計二万円を交付せしめた。

第一審は恐喝罪として懲役十月に処し、原審東京高裁は控訴を棄却した。

（弁護人の上告趣旨）

犯罪事実の第一点について――この事実について原審は恐喝罪の認定をしているけれどこの事実は罪とならないと解するのが相当であろう。即ち、この事実の脅迫行為は捜査官に申告するという点である。刑事訴訟法によれば、何人も現行犯の場合には犯人を逮捕しうる権能があり、また犯罪を捜査官署に申告又は密告することのできることは明かである。従つて捜査官に申告するぞということはそれ自体脅迫文句ではない。法律によつて与えられた権限のあることを云つたのであつて、それ自体は被害者に対する害悪の告知でもない。むしろ一般人には社会を犯罪から防衛するという意味において犯罪あるときには警察官署に申告する責任があると云つても言過ぎではない。従つて窃盗の事実を官憲に申告することを暗示したとしてもこれは脅迫行為ではなく、従つてこれによつて金品の交付を得たからと云つて恐喝罪を構成するものではない。

事実第二、第三について――これは貸借関係であつて喝取したものではない。被告人の供述並に証人Wの証言によれば、被告人が借用証書を差入れようと申向けたるに対し証人がそれには及ばない旨答えたために証書のとりかわしをしなかつた事実が認められ、被告人としては返済義務を負担したものであつて金員貸借の関係であつたことを認めるに難くない。従つてこの点についても犯罪を構成するものではない。

（判決要旨）　一、恐喝罪において、脅迫の内容をなす害悪は、必ずしもそれ自体違法であることを要しない。

二、他人の犯罪事実を知る者が、これを捜査官憲に申告すること自体はもとより違法でなくても、これをたねにして、犯罪事実を捜査官憲に申告するもののように申し向けてその他人を畏怖させ、口止料として金品を提供させれば、恐喝罪が成立する」。

外面的には身体の傷害であつても治療のために行われる切開手術は違法であるわけはない。同様に外形的には権利行為の如くであつてもそれが悪用濫用せられるにおいては最早適法ではあり得ない。他人の弱点を利用して不法に金品を奪取しようとするにおいては、権利とせられるものは畏怖せしめるための手段となるので法秩序の許さないものとしなければならない。従つて、本事案において通告せられた内容は金品を出さなければ告訴するということであつて、実はそれ自体が違法な害悪の通告であるとしなければなるまい。

本事案に類似する事例として次のものがある。

【43】（判決理由）「恐喝罪を構成すべき害悪の通知とは人をして畏怖又は不安の念を生ぜしめ意思決定の自由を制限し若は意思実行の自由を妨害するに足るものの謂なりとす。原判決の認定する事実に依れば被告は上告趣意書第五点及び第七点に摘録したる如く被害者に刑事訴追を受くべき旨を暗示し若は刑事訴追（摘発）を為す如く恐喝したるより被害者は之が為畏怖して被告に対し借用証書を交付し若は不動産譲渡の意思表示を為したりと云ふに在りて本件被害者の如く事理に暗きものにあらざるも此の如き交渉を受くるに於ては衷心不安の念を生ずること多言を俟たざる所なり。故に被告が被害者をして財産を交付せしむる為採りたる手段行為は恐喝罪を構成すべき害悪の通知に該当すること多言を要せざるなり」（大判大一三・一〇・三刑集三・六七四）。

(4) 通告された害悪自体についてその強度を判断すべきではなく他の事情との関連において考察されるべきである。

【44】（判決要旨）恐喝の手段として用いられたる行為が独立して相手方を畏怖せしむるに足りないでも他の事情と相俟つて畏怖の結果を生ぜしむる場合においてはその行為は、恐喝行為である。

（判決理由）「恐喝の手段として用いられたる行為が独立して相手方を畏怖せしむるに足りないでも苟も他の事情と相俟つて畏怖の結果を生ぜしむるに於てはこれを恐喝行為であるとするに妨げないものである。（明治四四年（れ）第五四八号同年五月二三日大審院判決参照）本件に於て被告人が執拗に被害者の上衣の貸与方を求めたこと自体が、仮令時として世間にありうることであつても、本件の行われた時、場所其の他当時の情況等を綜合してこれを観察すると被害者は被告人に対し上衣を貸与すると否とは全くその自由意思によりこれを決しうる立場にあつたものであるに拘らず遂に諸般の情況から被害者が嫌忌の念を生じその上衣を被告人に交付しないとどんな暴行を加えられるかも知れないと思つて右上衣を交付したものであることは原判決挙示の証拠によつて優にこれを認めうるから（大正一一年（れ）第一、三七七号同年一一月七日大審院判決、大正五年（れ）第一、〇八〇号同年六月一六日同院判決参照）本件被告人の所為を恐喝の罪に問擬した原判決には所論のような事実誤認はない」（東京高判昭二四・一二・一〇東京高裁刑集昭二四・一六二頁）。

【45】（判決理由）「恐喝の手段として用いられたる或る行為にして縦し其れ自体のみ独立しては普通相手方を畏怖せしむるに足らずとするも苟くも其行為が他の事情と相待て人を畏怖せしむるの結果を生ぜしむべきものなるに於ては之を以て恐喝の行為なりと云ふことを妨げず。故に是等行為により人をして財物を交付せしめたるときは恐喝罪を構成すること亦疑を容れず。而して原判決の認むる本件第四事実は論旨所掲の如く被告Tに於て本件の工事落札者たる木村信助が当時原院判示の如き事由のために畏怖の念を生じ居たる事情あるを知り之に乗じて同人に対し落札者は弁当代を出すべしと迫り同人をして若し出金せざるに於ては其落札に係る工事の妨害を受くべしとの畏怖の念を生ぜしめ以て本件金員を交付せしめたるものにして即ち本件の如き場合に在りては被告が被害者信助に対し右の如く出金を迫りたる行為は前示の事情と相待ち恐喝の行為たり得るものなること前段説明の趣旨の如くなるを以て従て、右行為により被害者信助をして本件金員を交付せしめたる被告Tの行為は刑法二四九条の恐喝罪に該当す」（大判明四四・五・二三刑録一七・九〇六）。

恐喝罪における害悪の通告は強盗罪に於ける如く反抗を抑圧する程度に至らないが、意思に反して財物を交付せしめるものでなければならない、とすることが、既に示した如く、判例の見解である。ところで、上記の判例に見るように、害悪の通告はそれ自体として独立して相手方を畏怖させるに足りなくても、他の事情と相俟つて畏怖の念を生ぜしめることで犯罪が成立する、とするのである。一体これはどのように理解すべきであろうか。

これには二つの考え方がある。第一は、害悪の通告それ自体は実は強盗罪においても恐喝罪においても変らないのであつて、強取すると交付せしめるという行為の態様において異なるだけである、とする考え方である。第二は、害悪の通告は言辞それだけを切り離して考えられるとするものではない。もつとも単純な例であるが「生命はないぞ」という申し向けを裏づける兇器が出されて言辞の具体性、真実性が認められるのである。つまり言動が一体となつて威嚇性が形成されるとしなければならない。従つて、害悪の通告というのは言辞だけを、或いは動作だけを独立して判断すべきではなく、言動及び他の事情を関連し綜合したものこそ、事案における具体的な害悪の通告というものである。牧野英一博士も綜合的考察の必要性を主張せられるのである。すなわち、「恐喝罪における行為の違法性は、当該恐喝行為と当該目的（財産上の利得）とを綜合して考えねばならぬ。その各が個別的に論じてそれぞれ違法でないとしてもその恐喝手段を用いてその目的を達せんとすることが取引上正当でないと認められる場合においては恐喝罪の成立を見るべきである。」（牧野・刑法各論下巻七三七頁）とされる。また、「恐喝たる脅迫を考える場合には、財物の交付を要求している事柄も通告に害悪性乃至脅迫性を与えると思う。――口止料を寄越さなければ実際に告訴をするつもりであつたとしても、本来受けるべき理由のない金銭と告訴権とが交換的に置かれているところに害悪の通告たる由縁がある。」（刑事判例評釈集第十六巻八六頁参照）とする見解も同旨である。次の判例はこの間の消息を語る好個の事例である。

(5)　恐喝の手段は他の事情と相俟つてその程度が考えられる。

【46】（判決理由）「恐喝の手段として用いられた言動自体は独立して相手方を畏怖せしむるに足らないとしても他の事情と相俟つて相手方をして畏怖又は困惑の念を生ぜしめ、その結果相手方をしてその意思に反し

金品を交付するに至らしめた場合は恐喝罪の成立を認むるを相当とする。本件にこれをみるに原判決が証拠として採用した被害者小川タマノ及び被告人の検察官に対する供述調書によれば被告人の右被害者に対する言葉自体は所論の通り独立して相手方を畏怖せしむるに足るものではないが、被告人は所謂街の不良であつて屡々被害者宅近傍の貸席業から金品を強要する等迷惑をかけていることを被害者において熟知している上、被害者自身被告人から何等の謂れがないのに本件前三回に亘り或は酒代或は焼酎の強要を受けその都度営業の妨害を受けることを慮り要求に応じて来た経験を有するところから、本件の場合被告人は言葉こそ前述の通り激越ではなかつたが被害者の断るのにも耳を藉さず約三十分間帳場に頑張りつづけ執拗に焼酎の要求を繰返すのでこの上被告人の要求に応じないときは営業の妨害を受けることあるべきを恐れ心ならずも焼酎四合瓶一本を交付したものであること明らかである。そうだとすれば冒頭説示の理由により恐喝罪の成立すること明瞭と云うべきである」（福岡高判昭三一・三・一九高裁刑特報三・七・三〇四）。

(6)　神様のお告と称して相手方を畏怖させた場合恐喝罪の脅迫にあたるか

【47】（判決要旨）　病気平癒祈祷の依頼を受けた者がこれを奇貨とし、相手方に対し「あんたのお母さんには外道がついている、その外道を神様に頼んでとつてあげる、そのかわり金十万円出せ、出さぬと母の生命が危い」とか「先日出した十万円は出ししぶつたので、外道の神が怒つて家族全部を殺すとのお告があつた、それを鎮めるには四万円持つて来て祈祷せよ」などと相手方を畏怖させるようなことを申し向け、その畏怖の結果として該金員を交付させたときは、右告知された害悪の内容は虚偽のものであつても、詐欺罪ではなく恐喝罪が成立する。

（判決理由）――（略）「所論は、被告人は被害者の依頼に基き神の意思を媒介通訳したに過ぎず、且つ該金員につき自己領得の意思もなく犯意はなかつた旨主張するけれども、本件は前記のように、同一被害者に対し実に十一回に亘り次々と種々の言辞をかまえて執拗に出金方を要求し、且つ該金員も全部被告人において取得したと認められることなどの点から見るも、被告人には本件犯意のあつたことを窺い知るに十分であるというべく、到底これを否定することはできないものといわねばならない。更に所論は、本件は詐欺であつて恐喝ではないと主張する。前記恐喝行為において告知された害悪の内容が虚偽のものであることは推測するに難くないところであるけれども、被害者が右金員を交付するに至つたのは畏怖の念に基いたものであることは前記被害者の供述等によつて明らかであるところ、恐喝行為において告知された害悪の内容が虚偽のものを含んでいるとしても、それが相手方を畏怖させるに足り且つ相手方の財物交付が畏怖に基いた場合においては詐欺罪を以て論ずべきものではない。なお本件は被告人の祈祷によりその害悪から逃れ得るものとして告知されたものであることは原判示事実自体に徴し明らかなところである」（広島高判昭二九・八・九刑集七・七・一一四九）。

本件では神に依る加害の通告が脅迫に該るか否かの問題と、欺罔による任意の交付であるか、それとも畏怖心に基く強制的な交付であるかの問題がある。病気平癒の祈禱を依頼する信者と祈祷師との関係に着眼するとき、祈祷師の祈祷が病気を左右する力を有するものとの信頼に基づいてのみ祈祷の依頼がなされるものとしなければならない。それは行為者の能力を超絶した天変地異とか吉凶禍福の通告とは異るものとしなければならない。判例もこの点を特に注意し「被告人の祈祷によりその害悪から逃れ得るものとして告知されたものである」と述べているのである。かくて被告人の害悪の告知はこれを脅迫となすに足る、としなければならない。次に金銭の交付が欺罔に因る任意の交付であるか否かの問題であるが、信仰に基づく祈祷の依頼であり金銭の交付はいわば祈祷料として提供したものので強制せられたものでないとも考えられる。しかし、「金十万円出せ、出さぬとお前の母の生命が危い」「五万円ではこらえられんからもう五万円程持つて来い、惜しいのなら持つて来んでもよいがそのかわり命はないぞ、菅原の一統は全滅じゃ」等の言辞を以て金銭を提供せしめたのであるからもはや任意の交付というより、畏怖心に因る交付とすることが実態に即することになろう。

(7)　恐喝手段は、凡そ人を困惑せしむべき凡ての手段を包含するものと解すべきである。恐喝罪を構成する恐喝手段には人の悪事醜行の摘発又は犯罪の申告其の他之に類する害悪の告知に限らず苟も人を困惑に陥らしむべき凡ての手段を包含するものである、とする次の判例を注意しよう。

【48】（判決理由）「恐喝罪を構成する恐喝手段は悪事醜行の摘発又は犯罪の申告其の他之に類する害悪の告知に限定せらるべきものに非ずして此の外凡そ人を困惑せしむべき手段を包含するものと解せざるべからず又而して一地方に於ける医師の人気投票の募集を為し、其の投票数を該地方新聞に掲載する如きは医師としての品位を傷け投票数少き医師の名誉信用を毀損するに至るべき虞あるものなれば其の地方在住の医師が斯かる投票に付危惧若は畏怖の念を抱き又は困惑の状態に陥ることあるは蓋し世間普通の人情として免れざる所にして原判決挙示の証拠に依るも亦之を認むるに余りあるものとす。而して原判決の認定に依れば岐阜市泉町に於て発行する日刊新聞岐阜民友新聞を経営する被告人が同市在住の医師の人気投票を企て之を同新聞に発表し連日其の投票成績を掲けたる為同市医師会に著しき衝動を与え医師の品位名誉信用を毀損するのみならず医師会の平和を擾乱する虞あるものとして同医師会に於ては之を嫌悪し其の中止方を被告人に交渉し来るや被告人は同新聞編輯長甲と共に此の機会に乗じ名を営業権の行使に藉り投票を中止せざる態度を示して医師側を困惑せしめ金員を喝取せんことを共謀し爾来医師側と交渉を重ねたる上損害金二百三十円を提供するに非されば投票を中止せざるの態度を示して之を困惑せしめたる結果金百円の交付を受けたるものなれば是れ即ち人を恐喝して財物を交付せしむる罪を構成すべき違法行為にして被告人は畢竟名を営業権の行使に藉りて不正の目的を遂行したるものに外ならず原審が被告人の判示行為を以て恐喝罪に問擬したるは正当なり」（大判昭八・一〇・一六刑集一二・一八一五）。

判例は人の悪事醜行の摘発又は犯罪の申告その他之に類する害悪の告知に限らず、とし本事案においても犯罪の成立することを説くのであるが、しかし、判例自体がその理由の中で主張するように、本事例の如きは、医師の品位、名誉、信用を毀損するものであり、これはとりもなおさず害悪の告知にほかならないのである。また、本事案は営業権の行使に名を藉りた権利の濫用（本判決理由が最後に述べている如く）を理由として犯罪の成立を認めることができる事例でもある。

(8)　害悪は、犯人自身の行為による場合だけではなく、第三者の行為による場合にも、また自然力による場合にも成立するか。

【49】（判決理由）「恐喝取財罪は所論の如く被害者に危害を及すべき通告を為し被害者をして畏怖せしめ因て以て不正に財物を交付せしむるに因て成立するものなるも其所謂害悪なるものは被告自身の行為に出づると第三者の行為に出づると将た天災其他の不可抗力に出づるとを問わず、等しく採て以て恐喝の資料と為し得べきものなることは本院の近く判例として示す所なるを以て原審に於て所掲の如く被告等に於て被害者甲乙に対し多額の金円を支出し自分等に依頼し揉消し運動を為すにあらざれば新聞紙上に於て右両名の名誉を汚す可き記事即ち私通事実を掲載せられ回復し能はざるに至るべき旨を告げ以て同人等を畏怖せしめたりとの事実を認め右被告等の所為を恐喝未遂罪に問擬したりしは相当なり」（大判明四三・一〇・一一新聞六七八・一八）。

【50】（上告理由）「原院が認めて以て恐喝行為なりとせる所は「清次郎を自宅に呼寄せ罰金の半額を出すべし、応ぜざれば控訴中の堀江×××等をして汝に関する不利益の陳述を為さしめ日露戦役の功に依りて清次郎の有する位記及び金鵄勲章をもはく奪せらるるに至らしむべき旨恐喝したるに依り」との部分にありとす。今上告人に於て以上の如き害悪を告知したりとするも凡そ他人をして或陳述を為さしめて位記勲章等のはく奪処分を受けしむべしと云うが如きは事もとより上告人の任意之を左右し得べからざる事柄に属するを以て、清次郎に対する以上の告知は単に同人をして其結果の到来を誤信せしめんとする浅薄なる欺罔的口実たるに過ぎずと見做さざるべからず。然らば右の告知は仮令表面威迫の趣を帯ぶるも畢竟一箇の虚喝たるに帰する

を以て寧ろ財物を騙取せんとする欺罔手段なりとするを正当の判定なりと信す。然るに原院は之を恐喝罪なりとし処断したるは違法にして擬律の錯誤あるか或は理由不備の失当ある裁判なり。」

（判決理由）「恐喝は恐喝者に於て直接に危害を加ふべきことを以て手段とする場合に限らず間接に第三者の行為又は天災等に依り危害を加ふべきことを以て手段とする場合をも包含す。而して此等の手段を用い被恐喝者をして畏怖の念を起し財物を交付するに至らしめたるときは玆に恐喝罪は完全に成立するものとす。故に原院が所論の事実を以て恐喝手段なりとし恐喝罪に問擬したるは正当なり」（大判明四二・一一・一五刑録一五・一六〇六）。

判例は第三者の行為、又は天災不可抗力等に依る危害の通告を、何の要件を付せずかんたんに本罪における脅迫と認めている。しかし疑問なしとしない。木村亀二博士も次の如く制限を付せられる。「害悪の実現は行為者自身において為されるものたると第三者の行為又は人為以外の力に因り実現せられるものたるとを問わない。然し、第三者の行為又は自然力若は超自然力の発現を利用する場合に於ては行為者に於て第三者の決意、自然力、超自然力の発動を左右し得る旨を通知するか又は相手方をして之を推測し得しめることを要する。」（刑法各論一五四頁）。客観的には行為者が第三者の行為を左右し支配し得るという必要はないが、被通告者においてそれを信ずることに理由がある、すなわち、信ずるとしてもそのことを軽卒として咎めることができない事情が認められることを要する、としなければならない。そうでなければ害悪の具体性現実性がなく、害悪の通告といい得ないであろう。殊に天災や不可抗力の通告までも脅迫とすることは、脅迫といわゆる警告との区別を無視することになる。それとも財物を喝取する場合はこの区別を論じる必要はないとする特別の理由があるであろうか。

(9)　被害者の不知の間に財物を奪取した場合に恐喝罪が成立するか

昭和三六年七月一三日の浦和地方裁判所の判例に、異例とすべきもの、すなわち、被害者が財物を奪取せられたことに気が付かない場合にも恐喝罪が成立する、としたものがある。検察官は強盗と主張し、弁護人はこれを遺失物拾得と主張する。以下は判例の見解である。

【51】（判決理由）　検察官主張の訴因について、

「判示第二の事実につき検察官は強盗傷人罪に問擬すべきものと主張するので検討してみるに、深夜多数で気勢を挙げ通行人に「ヤキを入れる」等と言つたこと自体からだけではその被告人等の意思が果して強盗であつたか、恐喝であつたか、或は単なる暴行であつたかは、直にこれを断定し難いところであるが前掲証拠によれば本件現場はその時刻頃でも通行人や流しのタクシーが時折通る駅近くの街頭であり、本件犯行直前同所附近で他の被告人等によつて為されたバンドマンに対し因縁をつけ金員を取つた行為においてはその脅迫の程度は相手方の反抗を抑圧するほどのものでなかつたこと、本件の暴行も亦専ら手又は足を用いて為されており被害者Aの連れの一人は現に逃げられたのであつて、被害者も隙をみて逃走しようと思えば必ずしも逃げられない状態ではなかつたこと、被害者も暴行を受けた直後腕時計がなくなつたことに気付き、藤井に対し「俺も一時遊んだ人間だからヤキの入るのは構わないけれども、時計を取られるのは頭に来て了う」等と言いながら現場で時計を探していたこと等が窺われる。従つて本件の暴行はその結果として被害者に対し傷害を与えているとはいえ、これを客観的にみればこれによつて右被害者は金品を強奪されるというような切迫した危険に曝らされていたものとは認め得られず、一面被告人等においても右犯行に際して金品をたかる意図はあつたにしても相手方の反抗を抑圧してまで金品を強取しようとするまでの意図はなかつたことが明かである。

よつて本件は強盗傷人罪に問擬すべきではなく恐喝、傷害の罪として処断すべきものと解する。

弁護人の主張について、

判示第二の事実につき弁護人は被告人甲の所為は傷害に、同乙の所為は遺失物拾得（遺失物横領ないし占有離脱物横領か）に該当すると主張するけれども他の仲間を含めた被告人等が通行人に暴行を加えて金品を喝取しようとの意思の連絡があつたことについては判示のとおりであるから、乙が遠藤の腕時計を拾い上げた行為が喝取に該当するか否かについて検討するに問題の腕時計は、甲が被害者の左腕の時計のバンドに手を挿入してもぎ取つたのを取落したものか或いは暴行中とれてしまつたものかは必ずしも明瞭ではないけれども、前掲証拠によると甲は乙等がAを殴つている中又はこれと接着した時期に時計を拾い上げたものであることが認められる。そして上述のとおりAは暴行を受けた直後右腕時計がないのに気がついて現場附近を探しているのであるから、このような場合被害者の右時計の占有は未だ失われていないと解するのが相当である。然し又一面被害者が本件のように時計を被告人等に任意に交付する意思決定がなかつた事を以つてこの拾得行為が直ちに窃盗罪を構成するものと解することは出来ない。すなわち叙上の如き事実関係は、これを法律的に評価して被害者が任意に財物を交付した場合と同一に考え、恐喝既遂罪として処断すべきものと解する。蓋し、暴行中腕から離れ落ちたものを引きさらつて逃げる行為は被害者においてこれを阻止する余裕なく犯人が財物を取るのを放任するの余儀なきに至らしめる点において任意の交付と同一視するに足るからである。従つてこの点の弁護人の主張は採用し得ない。」（浦和地判昭三六・七・一三判時二七〇・三五以下）。

恐喝罪においては畏怖心に基づいて止むなく任意の財物の交付が行われるとすること、かくして本罪における脅迫の概念としては、相手方において畏怖の念を出ずることを必要とする見解も生ずるわけである。筆者は相手方において畏怖の念を生ずることは本罪の成立要件ではあつても特に本罪の脅迫の概念とするに当らないとするものであるが、右判例は財物の交付において本罪が成立するものであるという従来の学説判例を否定しようとするものではなく、ただ、前記の事実が任意の交付と同一視するに足る、としているのである。従つて、判例の当否は、かかる事実がはたして判例主張のように任意の交付と同一視するに足るか否かである。ところで、「時計を取られるのは頭に来て了う」と言つて現場で時計を探していた、という事実が任意の交付と同一視できるであろうか。また、「暴行を受けた直後右腕時計がないのに気がついて現場附近を探している」のであるから財物の奪取を黙認したとも云い得ない。何としても任意の交付と同一視するに足るとはいい得ない。検察の主張を容れず又、弁護側の主張を否定した苦心は察しられるが右事実は窃盗と解するのがなお妥当と思われる。

八　強盗罪（刑二三六）における脅迫の概念

（一）　概　　説

強盗罪における脅迫は犯罪の性質、すなわち、財物を強取する、ということから理解せられるように、それは強度のものでなければならない。強度という抽象性を具体的に表示するものとして、「被害者の反抗を抑圧するに足る程度」のものと云われている。けだし、恐喝罪と区別せられるためのメルクマールである。しかし、強盗罪におけるような強度の脅迫は決して強盗罪や強姦罪に固有のものではない。脅迫罪（刑二二二）においても或いは公務執行妨害罪（刑九五）等においてもみられるものとしなければならない。ただそれが他人の財物の強取と結合するところに固有の意義が認められることになるのである。

ところで、「被害者の反抗を抑圧するに足る程度」という脅迫の概念をさらに一層具体的に「相手の反抗を不能又は著しく困難にする程度」として規定することができる。このような脅迫の強度の程度は客観的に判断せらるべきものであつて、被脅迫者の主観にその基準を求めるべきではない。

（二）　強盗罪の成立する事例

(1)　社会通念上被害者の反抗を抑圧するに足る程度の脅迫

【52】（判決要旨）　他人に暴行又は脅迫を加えて財物を奪取した場合に、それが強盗罪となるか恐喝罪となるかは、その暴行又は脅迫が社会通念上一般に被害者の反抗を抑圧するに足る程度のものであるかどうかという客観的基準によつて決せられるのであつて、具体的事案における被害者の主観を基準として、その被害者が反抗を抑圧されたかどうかによつて決せられるものではない。

（判決理由）　「他人に暴行又は脅迫を加えて財物を奪取した場合に、それが恐喝罪となるか強盗罪となるかは、その暴行又は脅迫が、社会通念上一般に被害者の反抗を抑圧するに足る程度のものであるかどうかと云う客観的基準によつて決せられるのであつて、具体的事案の被害者の主観を基準としてその被害者の反抗を抑圧する程度であつたかどうかと云うことによつて決せられるものではない。原判決は所論の判示第二の事実について、被告人等三名が昭和二二年八月二三日午後十一時半頃被害者方に到り、判示の如く匕首を示して同人を脅迫し同人の差出した現金二百円を強取し、更に財布をもぎ取つた事実を認定しているのであるから、右の脅迫は社会通念上被害者の反抗を抑圧するに足る程度のものであることは明らかである。従つて右認定事実は強盗罪に該当するものであつて、仮りに所論の如く被害者Tに対しては偶偶同人の反抗を抑圧する程度に至らなかつたとしても恐喝罪となるものではない」（最判昭二四・二・八刑集三・二・七五）。

判例は強盗罪における脅迫の程度を、「反抗を抑圧するに足る」とし、且つ、それは社会通念上一般的客観的基準によつて決定される、とすることから、具体的事案の解決としては簡易さの点において秀れたものがあることを認めなければならない。しかし、脅迫の程度を「反抗を不能にする若しくは著しく困難にする」程度と解する場合よりも、その概念規定は幅を有つことになるのであり、反抗抑圧の程度の強弱がさらに問題とならざるを得ないことになる。従つて、実際事案においては、それ程強度の脅迫ではなかつたという抗弁がなされることになるのであり、それに対し判例は「社会通念上」という概念を持ち出すことになるのである。ところで、反抗の抑圧の程度は、精神的身体的自由の完全な制圧を必要とするか否か、この問題に対する判例として次のものがある。

(2)　完全な精神及び身体の自由の制圧を要しない。

【53】（判決要旨）　強盗罪が成立するには、社会通念上相手方の反抗を抑圧するに足る暴行又は脅迫を加え、それによつて相手方から財物を強取した事実が存すれば足り、その暴行脅迫によつて相手方が精神及び身体の自由を完全に制圧されることは必要でない。

（判決理由）「強盗罪の成立には被告人が社会通念上被害者の反抗を抑圧するに足る暴行又は脅迫を加え、それに因つて被害者から財産を強取した事実が存すれば足りるのであつて、所論の如く被害者が被告人の暴行脅迫に因つてその精神及び身体の自由を完全に制圧されることを必要としない。そして原審は、論旨摘録のように、被告人等が判示午前一時頃屋内に侵入し、被告人内海及び右佐藤はそれぞれ草刈鎌を、被告人田中はナイフを被害者久布白等に突付け、交々「静にしろ」「金を出せ」等言つて脅迫し、同人を畏怖させ、その所有の現金三千百七十円、腕時計、懐中時計、ライター等四十数点を強奪しと判示して、被告人等が社会通念上被害者の反抗を抑圧するに足る脅迫を加え、これに因つて被害者が畏怖した事実をも明に説示して、手段たる脅迫と財物の強取との間に因果関係の存することをも認定しているから、これに対し刑法第二四九条を適用せずに同法第二三六条第一項を適用したのは正当であつて、原判決には所論のように法律の適用を誤つた違反はない」（最判昭二三・一一・一八刑集二・一二・一六一四）。

完全に意思の自由が抑圧されることは、強盗罪における脅迫の要件ではないとしても、なお、意思の自由性ないし任意性の抑圧の程度は本罪の成立において重要な意義を有する。旧大審院判例中には、意思自由の完全抑圧を要件とするものがみられるが、その当否は別として、強盗罪の特質を強調するものとして興味がある。

【54】（判決理由）「犯人が被害者に加えんと威嚇したる害悪の現在にして切迫せると否とは最も多くの場合に於て強盗罪と恐喝取財罪を区別する唯一の標準となし之を以て原判決に法則の違背ありと主張するの論拠となすものの如し。蓋し犯人が被害者に加えんと威嚇したる害悪の切迫せると否とは最も多くの場合に於て強盗罪と恐喝取財罪を区別するの標準たるは毫も疑なしと雖も此二者を区別するの標準は単に之のみに止まらずして犯人が被害者を威喝するが為めに用いたる手段如何も亦此両者を区別するの標準となるものなり。即ち、強盗罪に於ては犯人の用いたる手段が其性質に於て被害者の自由を全然剝奪すべき極めて重大なるものなることを必要とし恐喝取財罪に在りては犯人の用いたる手段は其性質に於て相手方を畏怖せしむべきものたることを要すると同時に其性質に於て被害者に尚ほ、意思の自由を存し全然之を剝奪するに至らさるものなることを必要とするものなり……」（大判明三七・一〇・一〇刑録一〇・一八六五）。

窃盗においては被害者において、（未遂の場合は別として）自己の所有物が窃取せられることとの認識はない。従つて、窃取行為に対する反抗はあり得ない。窃取が被害者に気づかれないように留意して行われるに対し、恐喝、強盗はむしろ、被害者にその行為を明白に宣言するところに特色がある。しかし何人も自己の所有物が理由なく奪われることを欲するものはない。従つて、できれば抵抗し反抗することになる。しかし、結局喝取され強奪されることは、反抗が抑圧されるからにほかならない。唯、恐喝罪にあつては、被害者の任意な意思活動が残されているのであり、強盗罪にあつては強度の恐怖心に襲われて反抗の不能又は著しい困難のために全く意思に反して奪取されるわけである。従つて「強取される」といわれるためには、被害者の主観を無視するわけにいかない。しかし、二つの点が注意せられる。すなわち、第一に判例の示すように、精神の自由は完全に制圧される必要はない。

もし、そのような要件においてのみ強盗罪が成立するとすれば、本罪に対する正当防衛は事実上あり得ないことになる。第二には、反抗の不能とか困難とかは通常一般人が標準とせられることである。普通以上に大胆な人、反対に極度に小心な人は判断の基礎にはならない。従つて、大胆な人が現実に反抗を抑圧されなかつたとしても、犯罪の成立が否定せらるべきではないのである。

(3)　現実に意思の自由を抑圧されなかつたとしても未遂罪が成立する。

【55】（判決要旨）　強盗犯人の用いた脅迫の手段が、相手方の意思の自由を抑圧するに足るものであつた以上、偶々相手方が、要求に応ぜず、従つて意思の自由を抑圧されることがなかつたとしても、強盗罪の実行行為ありとして強盗未遂罪の成立を認めることができる。

（判決理由）「原判決が被告人に対して認定した（一）の事実は、被告人は昭和二十二年四月八日飲酒の上午後七時頃盛岡市向中野字台太郎三十七番地S方に赴き、同人に対し、所携の庖丁を突付け、五千円を借せと申向けて脅迫し金銭を強取しようとしたが、同人が応じなかつたため、その目的を遂げなかつたと云うのであるが、この判示事実を判示証拠に照合してみるに、被告人の右脅迫の所為たるや、相手方たるSの意思の自由を抑圧するに足るものであつたことが明かであるから、同人が偶々被告人の要求に応ぜず、従つて意思の自由を抑圧されなかつたとしても、被告人の判示所為は強盗罪の実行をもつて目さなければならない。それ故、右脅迫の結果金員を強取するに至らなかつた被告人は、強盗未遂の刑責に服すべきこと、固より論なき所である。……」（最判昭二三・六・二六刑集二・七・七四八）。

(4)　一般的客観的標準の相対性

被害者の反抗を抑圧するに足る程度は社会通念上一般的客観的基準によつて決せられるとするのが判例の見解である。ところで、一般的客観的基準は絶対的なものではなく、行為の時間空間的関係、被害者の男女の性別、その年齢等情況に応じて相対的に判断せられるものがある。いわば、情況に応ずる客観的基準が考えられるということである。その故に基準といつてもコンスタントな尺度といつたものがあるのではなく、結局のところ、その場合において客観的に判断されるということである。例えば昼間と夜間とでは、人通のない淋しい場所とそうでない場所とでは同一の行為であつても相手に与える畏怖心に差があるといわねばならぬ。男性と女性、その年齢等の差においても同様のことが云い得られる。次の判例はこの理を示すものである。

【56】（判決要旨）午後七時頃、五八歳の老婆と二六歳の娘だけの住家に成年男子三人が侵入し、老婆の口元を手で押えようとした行為は、これを被害者の反抗を抑圧する程度の暴行と認定しても、実験則に反しない。（判決理由）「判示事実のように四月八日頃の午後七時過頃に婆さん（当五八年）と娘（当二六年）だけの住家に成年男子三人も侵入して婆さんの口元を手で押えようとしたらそれは被害者の反抗を抑圧する暴行であると認定しても何等実験則に反するものではない。……」（最判昭二三・一〇・二一刑集二・一一・一三六〇）。

右の判例の場合はもちろん、暴行についての事例であるが、脅迫についても同様のことが云い得るのである。

(5)　暴行との関係

脅迫は人を畏怖させる目的で言語若くは身体の動作によつて害悪を告知するものである。従つて、身体の動作すなわち暴行が暴行自体であると同時にまた脅迫の機能を果すものとなることがある。また、暴行と脅迫とが並行して行われる場合がある。

【57】（判決要旨）「匕首を突き付け「声を出すとこれだぞ、釣銭を出せ」といつたのは、単なる害悪の通知

ではなく、相手方の反抗を抑圧するに足りる程度の長迫を加えたものである」（大判昭一四・四・二八全集六輯一七号四五頁）。

【58】（判決理由）「原判決によると被告人等は深夜森下儀一郎方へ侵入し同人に対し、被告人Rは所携の小刀を、相被告人Sは庖丁を持つて「静かにせよ」「金を出せ」等と言つて脅迫し、且つ布片等で右儀一郎及びその妻を縛り上げ猿轡をはめ目隠をする等の暴行を加へてその反抗を抑圧した上金品を強奪したと判示しているのであつて、右の如き脅迫と暴行とは相俟つて強盗の手段として被害者の反抗を抑圧する程度のものであることは明白であるから原判決の記載には所論のような理由不備の違法はない」（最判昭二四・一・二五）。

ところで、「静かにせよ」、「金を出せ」といった発言が加害の通告と言い得るであろうか。「殺すとか傷つけるとかで来たのではない、金一万円貸してくれ」というのが同様の意味で加害の通告であろうか。言葉の表面はたしかに加害の通告とは言い得ない。しかし、それは、暴行と関連して理解するのでなければならない。「静かにせよ」というのは、「静かにしなければ庖丁で突き殺すぞ」、という意思をほのめかすものであり、「金を出せ」というのは、「金を出さなければ生命はないぞ」というのと同意義となるものと受けとられるものである。「殺すとか傷つけるとかで来たのではない、金一万貸してくれ」という言葉は、午前二時頃、女一人が寝ているところに乱暴に飛び込んで来た男が、蒲団の上から女に乗りかかつて抑えている情況においては、「金を貸してくれなければ、殺すかも知れないぞ」（被害者の主観においては金を出さなければ殺されるかも知れない）という加害の通告と同様の意義をもつとしなければならない。かくして、身体的動作と言語的意味との関連性を理解しながら、それが反抗を抑圧するに足る脅迫であるかを判断しなければならないわけである。

(6)　本罪における脅迫の内容自体に直接関係するものではないが、他罪と関連して本罪の成立する一例として次の判例を挙げることにする。

【59】（弁護人の控訴趣意）「凡そ強盗罪の成立するがためには犯人が財物強取の目的を以て相手方に暴行又は脅迫を加えよつてその反抗を抑圧してその者の所持する財物を奪取することを必要とする。言い換えれば暴行脅迫と奪取との間に因果関係のあることが強盗罪成立の要件である。従つて、暴行脅迫と奪取との二個の行為があつたとしてもその暴行脅迫が奪取の手段として行われた場合でなければ強盗罪は成立しないのである。

原判決の判示事実によれば、被告人甲、乙の両名が丁女の所持金を強取せんことを共謀したとの事実はこれを認定しているが、右両名が右の金員強取について丙と共謀したとの事実は認定していないのである。従つて原判決に丙の強姦の行為と被告人甲、乙の金員奪取の行為とは全く別個独立の所為であると認定したこととなるのである。さすれば丙の強姦の行為と被告人甲、乙両名の金員奪取の行為との間には因果関係を欠くこととなるのであるから右両被告人に対しては窃盗罪を構成するは格別、強盗罪の成立すべき謂われはないのである。もし原判決の認定が、相手方が他人に強姦されて居るため抵抗をなし得ない間隙に乗じてその相手方所有の財布中から金員を奪取した場合はたとえ強姦の行為者と金員奪取者との間に意思の連絡はなくとも強盗罪が成立するとの解釈に基いたものであるとすれば、それは全く法律の解釈を誤つたものといわなければならない。」

（判決要旨）「甲、乙、丙が丁女の強姦を共謀し、丙において丁女を姦淫中、甲、乙が共謀して丁女が右姦淫の手段たる暴行行為により抵抗不能の状態にあるを利用して丁女所有の財物を奪取した場合には、右甲、乙、丙の三者共謀に基く丙の右行為と甲、乙共謀による財物奪取の間には因果関係あるものと認めるを相当とし、従つて、甲、乙は強盗罪の刑責を免れ得ない。」

（判決理由）（前略）「原判決の記載に徴するときは、原判示第二事実における被告人丙の強姦の所為は、原判示第一の強姦行為の一部分であり、右原判示第一の強姦行為は、被告人三名の共謀による共同正犯にかかるものであることが明らかであるから、原判示第二事実において、被告人甲、乙両名が共謀して金員を奪取した際における被告人丙の強姦行為は、所論主張のような同被告人の単独犯行ではなくて、被告人三名の共謀に基く強姦行為の一部であり、被告人三名がその責を負わねばならぬ関係にあるものというべく、従つて、被告人甲、乙両名において、被害者丁女がこの強姦行為によつて抵抗不能の状態にあるのを利用して、同人所有の原判示金員を奪取することを共謀し、且つこれを実行したものとすれば、この金員奪取行為と、右三名の共謀に基ずく被告人丙の強姦行為との間には因果関係の存在を否定することはできないものといわなければならない」（東京高判昭三〇・七・一九刑集八・六・八一九）。

簡易裁判所判例

判 例 索 引

著者紹介

植松　正（うえまつ　ただし）　一橋大学教授
秋山哲治（あきやま　てつじ）　同志社大学教授

総合判例研究叢書　刑法（19）

昭和38年7月25日　初版第1刷印刷
昭和38年7月30日　初版第1刷発行

著作者　植松　正
　　　　秋山哲治

発行者　江草四郎

東京都千代田区神田神保町2ノ17
発行所　株式会社　有斐閣
電話（331）0323・0344
振替口座東京370番

秀好堂印刷・稲村製本

総合判例研究叢書 刑法(19)
(オンデマンド版)

2013年2月1日　発行

著　者　　植松　正・秋山　哲治
発行者　　江草　貞治
発行所　　株式会社 有斐閣
〒101-0051　東京都千代田区神田神保町2-17
TEL　03(3264)1314(編集)　03(3265)6811(営業)
URL　http://www.yuhikaku.co.jp/

印刷・製本　　株式会社 デジタルパブリッシングサービス
URL　http://www.d-pub.co.jp/

AG519

ISBN4-641-91045-6　　Printed in Japan